21世纪高职高专旅游服务与管理专业工学结合系列教材

旅游服务礼仪

主　编　陈　瑜

副主编　张海燕

中国物资出版社

图书在版编目（CIP）数据

旅游服务礼仪/陈瑜主编．—北京：中国物资出版社，2011.8
（21世纪高职高专旅游服务与管理专业工学结合系列教材）
ISBN 978-7-5047-3953-7

Ⅰ.①旅… Ⅱ.①陈… Ⅲ.①旅游服务—礼仪—高等职业教育—教材
Ⅳ.①F590.63

中国版本图书馆CIP数据核字（2011）第162648号

策划编辑 张利敏　　**责任印制** 何崇杭
责任编辑 张利敏　　**责任校对** 孙会香　梁　凡

出版发行 中国物资出版社
社　　址 北京市丰台区南四环西路188号5区20楼　**邮政编码** 100070
电　　话 010-52227568（发行部）　010-52227588转307（总编室）
010-68589540（读者服务部）　010-52227588转305（质检部）
网　　址 http://www.clph.cn
经　　销 新华书店
印　　刷 中国农业出版社印刷厂
书　　号 ISBN 978-7-5047-3953-7/F·1566
开　　本 787mm×1092mm　1/16
印　　张 11　　**版　　次** 2011年8月第1版
字　　数 234千字　　**印　　次** 2011年8月第1次印刷
印　　数 0001—3000册　　**定　　价** 19.80元

版权所有·侵权必究·印装差错·负责调换

21世纪高职高专旅游服务与管理专业工学结合系列教材编审委员会

高级顾问　韩　琦　王束生

主审专家　苗雅杰　陆　朋

主要委员　（以姓氏笔画为序）

丁　超　王春梅　艾小勇　田　红

仝松锋　刘长英　刘咏梅　刘建华

刘晓明　刘　强　祁　颖　杨永杰

杨建朝　何艳琳　沈国娟　陆　刚

陆　朋　陈国生　陈修岭　陈晓琴

陈　瑜　苗雅杰　罗春燕　罗　德

单铭磊　项园园　赵爱民　赵嘉骏

柏　莹　蔡洪胜

总策划　张利敏

出版说明

为了编写这套教材，中国物资出版社筹备的“21世纪高职高专旅游服务与管理专业工学结合系列教材编审委员会工作会议”第一次会议和第二次会议先后在杭州和北京召开，会议贯彻以职业技能训练为中心任务、以工学结合为体系的现代化高职教育教材编写理念，探索具有旅游服务与管理专业特色的工学结合的教材编写模式，搭建了企业管理人员与一线教师交流的平台。

工学结合的教材应该根据具体的专业所属的行业领域和职业岗位（群）的任职要求，参照相关的职业资格标准，按照职业岗位编排教材体系与实训项目内容，从而使教材有效地体现知识与职业岗位的一体化。这样的教材必然具备两个特点：一是必须由企业人员参与教材编写，体现校企合作、工学结合；二是必须与相关职业资格标准相结合。

那么，旅游服务与管理专业工学结合的教材应该是怎样的?

旅游服务与管理专业工学结合的教材应该是以岗位（群）为依据划分项目，再将项目分解成任务，并且具体地讲解完成任务所需要的步骤，从而同时实现技能目标和知识目标。它不同于传统的“实训教程”，也不等于众多小模块的拼凑，更不是简单地将“章”变“项目”，“节”变“任务”。而是将系统的知识与技能有机地结合起来表述，有严格的项目、任务分解依据，读来既轻松又不失严谨。

本系列教材还配有电子教学资料，包括电子教案、教学指南、课时建议、练习题答案、实训设置期末考试A、B试卷等，能够为老师授课和学生学习提供诸多便利，起到小型“资料库”的作用，欢迎登录中国物资出版社网站（http://www.clph.cn）进行下载，同时将本书最后一页填好传真回我社索要密码即可使用电子教学资料。

本系列教材从策划伊始到问世，都伴随着策划人的详尽调研、行业专家的认真解惑和编写老师的严谨耕耘，并具备以下特点：

1. 通俗易读，深浅有度。理论知识广而不深，基本技能贯穿教材的始终。图文并茂，以例释理的方法得到广泛的应用，十分符合职业院校学生的学习特点。

2. 工学结合的编写思路。一方面注重企业的参与，另一方面注重与相关职业资格标准相结合。

3. “套餐式”教材，电子教学资料请专业人士制作。现代化的手段可以帮助丰富和发展传统的教材。

4. 兼顾老师授课和学生学习。教材不仅设置了电子教学资料，从而减少老师备课的工作量，而且内容安排上兼顾了可读性，使学生能够自主学习。

“21 世纪高职高专旅游服务与管理专业工学结合系列教材”符合职业教育的教学理念和发展趋势，能够成为广大教师和学生教与学的优秀教材，同时也可以作为旅游业管理人员、相关从业人员的自学读物。

前　言

《旅游服务礼仪》面向导游、酒店等旅游相关专业，内容全面而丰富，涉及面广，为专业课程的学习奠定基础。对于旅游服务人员来说，最重要的是要具备良好的服务意识，而服务意识体现在日常服务的礼仪当中。很多学生在学习的过程中重技能、轻素质。而旅游行业恰恰是一个技能与素质同等重要的行业。所以，在正式步入这个行业、学习行业技能之前，首先要树立良好的服务意识，培养良好的行业礼仪，这是成为合格人才的重要前提。

本教材在讲述旅游服务人员必须具备的一般社交礼仪的基础上，又分行业讲述各自的行业礼仪。全书共分为四篇：通用篇、酒店篇、旅行社篇及国家接待、民族宗教篇，每篇分项目和任务进行学习。本书体例新颖，形式多样，每篇从知识目标和技能目标开始，配备想一想、小链接、项目回顾、案例分析、课后思考与练习及实训应用，全方位一条龙引导学生掌握知识，适合理论或一体化的方式进行学习。

希望通过本课程的学习培养学生达到以下水平：能够在服务的过程中运用一般的社交礼仪；能够运用正确的行业或岗位礼仪为顾客提供恰到好处的服务，同时运用正确的礼仪解决在服务过程中遇到的常见问题和突发事件；能够养成良好的服务意识和职业习惯；能够具备良好的职业道德，在工作中严格要求自己。

本书的编写得到了广州白云工商高级技工学校及本校旅游与酒店管理系的大力支持。本书由陈瑜、张海燕负责主要的编写工作。在此，对参加编写工作的同志所付出的辛勤劳动表示诚挚的谢意！同时，本书在撰写过程中参阅引用了有关书籍、教材的资料、案例等，在此向作者表示衷心的感谢！

陈　瑜

2011 年 5 月

目 录

通用篇

知识目标

- 掌握旅游服务企业对仪容、仪表、仪态的要求。
- 掌握旅游服务行业常用的社交礼仪。

技能目标

1. 能够在工作中正确使用旅游企业对仪容、仪表、仪态的要求；并能够根据不同场合正确使用不同的站姿。

2. 能够在工作的过程中，正确使用各种社交礼仪，以良好的职业形象和素养进行沟通和服务。

想一想

“女士优先”应如何体现

在一个秋高气爽的日子里，迎宾员小贺，着一身剪裁得体的新制衣，第一次独立地走上了迎宾员的岗位。一辆白色高级轿车向饭店驶来，司机熟练而准确地将车停靠在饭店豪华大转门的雨棚下。小贺看到后排坐着两位男士、前排副驾驶座上坐着一位身材较高的外国女宾。小贺一步上前，以优雅姿态和职业性动作，先为后排客人打开车门，做好护顶关好车门后，小贺迅速走向前门，准备以同样的礼仪迎接那位女宾下车，但那位女宾满脸不悦，使小贺茫然不知所措。通常后排座为上座，一般凡有身份者皆在此就座。优先为重要客人提供服务是饭店服务程序的常规，而这位女宾为什么不悦？小贺错在哪里？

项目一　旅游服务人员的基本礼仪

任务一　塑造良好的职业形象

旅游服务人员主要涉及旅游饭店服务人员、旅行社服务人员、旅游景区服务人员等。他们都是旅游行业中的一线服务人员，直接与顾客进行“面对面”的服务。旅游业常被视为一个地区的窗口行业，一些旅游者往往通过自己所接触的旅游服务人员来评论某一地区的群体素质。因此，建立一支高素质的从业人员队伍，不仅能增强旅游目的地的竞争力，而且能向各地旅游者展示良好的城市形象。

对于一个旅游企业来说，旅游服务人员的礼仪礼貌是酒店企业文化的重要表现，它同服务人员的知识结构、修养有着密切的关系。礼仪是旅游企业培植和弘扬的重点，贯穿在接待服务的全过程之中，它可以为旅游企业和顾客之间架起友谊的桥梁。

礼仪无处不在。无论是语言，还是旅游服务人员的一举一动，无不渗透着礼仪的内涵。如接待或与人见面时的称呼、握手；服务时的语言技巧、语音语调、风度、分寸；与人相处或在公共场合的举手、投足、站立姿势、行走姿势等；在参加约会、舞会、宴会、会议等服务工作中的仪表、仪态、装束等。对于旅游服务人员来说，练就高超的服务技能的第一步，就是要具备最基本的社交礼仪。

心理学家曾做过一个有趣的实验，把10张小姑娘的照片给受试者看，其中8人容貌服饰较好，另外两位姑娘长相较差，衣服也破旧，心理学家告诉受试者，其中一人是小偷，结果，有80%的受试者认为后者是小偷。这说明人们总是喜欢那些看上去令人感觉舒适、有美感的人。美好的长相、匀称挺拔的身材、美观大方的服饰均能增添人的仪表魅力，给人以舒服、美好的感觉。如果说，人的长相、身材难以改变，而外表却是可以变化的。

（一）仪容

仪容主要是指一个人的容貌，当然这个容貌可以指经过人工按照社会的审美观念进行修饰以后的容貌。

1. 酒店服务员的仪容要求

（1）头发：女服务员头发要整洁干净，发型大方得体，工作时不散发披肩；男服务员前不遮额、侧不过耳、后不触领，不留大鬓角。

选择适合自己的发型

一、发型与身材

身材高大威壮者，应选择显示大方、健康、洒脱美的发式，以避免给人大而粗、呆板且生硬的印象。高大身材的女士，一般留简单的短发为好，切忌花样复杂。烫发时，不应卷小卷，以免造成与高大身材的不协调。

身材高瘦者，适合留长发，并且适当增加些发型的装饰性。如若梳卷曲的波浪式发型，会对于高瘦身材更有一定的协调作用。但高瘦身材者不宜盘高发髻，或将头发削剪得太短，以免给人一种更加瘦长的感觉。

身材矮小者，适宜留短发或盘发，因露出脖子可以使身材显得高些，并可以根据自己的喜爱，将发式做得精巧、别致些，追求优美、秀丽。但矮小身材者不宜留长发或粗犷、蓬松的发型，那样会使身材显得更矮。

身材较胖者，适宜梳淡雅舒展、轻盈俏丽的发式，尤其是应注意将整体发式向上，将两侧束紧，使脖子亮出，这样会使人产生视错觉，感觉你瘦些。若留长波浪，两侧蓬松，则会显得更胖。

另外，如果你的上身比下身长，或上下身等长，发式可选择长发以遮盖其上身；如肩宽臀窄，就应选择披肩发或下部头发蓬松式，以发盖肩，分散肩部宽大的视角；若颈部细长，可选择长发的发式，不适宜采用短发式，以免使脖颈显得更长；若颈部短粗，则适宜选择中长发式或短发式，以分散颈粗的感觉。

总之，进行发式选择时，必须根据自己的体型，选择一个相称的发型。

二、发型与脸形

椭圆形脸：任何发式都与它配合，能达到美容效果。但若采用中分头路，左右均衡、顶部略蓬松的发式，会更贴切，以显示脸形之美。

圆形脸：接近于孩童脸，双颊较宽，因此应选择头前部或顶部略半隆的发式，两侧则要略向后梳，将两颊及两耳稍微留出，这样，既可以在视觉上冲淡脸圆的感觉，又显得端庄大方。圆形脸的人尤其适合梳纵向线条的垂直向下的发型或是盘发，使人显得挺拔而秀气。

长形脸：端庄凝重，但给人一种老成感。因此，应选择优雅可爱的发式来冲淡这种感觉，顶发不宜太丰隆，前额部的头发可适当下倾，两颊部位的头发适当蓬松些，可以留长发，也可以齐耳，发尾要松散流畅，以发型的宽度来缩短脸的视觉长度。若将头发做成自然成型的柔曲状，会更理想。

方形脸：前额较宽，两腮凸出，显得脸形短阔。适宜选择自然的大波纹状发式，使整个头发将脸孔柔和地包起来，两颊头发略显蓬松遮住脸的宽部，使人的视觉由线条的圆润冲淡脸部方正直线条的印象。

“由”字形脸：应选择宜表现额角宽度的发型，中长发型较好。可将顶部的头发梳得松软蓬松些，两颊侧的头发宜向外蓬出以遮住腮，在人的视觉上减弱腮部的宽阔感。

“甲”字形脸：宜选择能遮盖宽前额的发型，一般说两颊及后发应蓬松而饱满，额部稍垂“刘海儿”，顶部头发不宜丰隆，以遮住过宽的额头。此脸形人适宜将头发烫成波浪形的长发。

（2）脸部：女服务员要淡妆美容。男服务员应该每天刮脸修面，不留胡须。

小链接

化妆的技巧

化妆时要认真掌握化妆的方法。化妆大体上应分为打粉底、画眼线、施眼影、描眉形、上腮红、涂唇彩等步骤。每个步骤均有一定之法必须认真遵守。

1. 打粉底

打粉底，又叫敷底粉或打底。它是以调整面部皮肤颜色为目的的一种基础化妆。在打粉底时，有四点特别应予注意：一是事先要清洗好面部，并且拍上适量的化妆水、乳液。二是选择粉底霜时要选择好它的色彩。通常，不同的肤色应选用不同的粉底霜。选用的粉底霜最好与自己的肤色相接近，不宜使两者反差过大，看起来失真。三是打粉底时一定要借助于海绵，而且要做到取用适量、涂抹细致、薄厚均匀。四是切勿忘记脖颈部位。在那里打上一点儿粉底，才不会使自己面部与颈部“泾渭分明”。

2. 画眼线

这一步骤在化妆时最好不要省掉。它的最大好处，是可以让化妆者的一双眼睛生动而精神，并且更富有光泽。在画眼线时，一般应当把它画得紧贴眼睫毛。具体而言，画上眼线时，应当从内眼角朝外眼角方向画；画下眼线时，则应当从外眼角朝内眼角画，并且在距内眼角约 1/3 处收笔。应予重点强调的是，在画外眼线时，特别要重视笔法。最好是先粗后细，由浓而淡，要注意避免眼线画得呆板、锐利、曲折。画完之后的上下眼线，一般在外眼角处不应当交合。上眼线看上去要稍长一些，这样才会使双眼显得大而充满活力。

3. 施眼影

施眼影的主要目的是强化面部的立体感，以凹眼反衬隆鼻，并且使化妆者的双眼显得更为明亮传神。施眼影时，有两大问题应予注意：一是要选对眼影的具体颜色。过分鲜艳的眼影，一般仅适用于晚妆，而不适用于工作妆。对中国人来说，化工作妆时选用浅咖啡色的眼影，往往收效较好。二是要施出眼影的层次之感。施眼影时，最忌没有厚薄深浅之分。若注意使之由浅而深，层次分明，将有助于强化化妆者眼部的轮廓。

4. 描眉形

一个人眉毛的浓淡与形状，对其容貌发挥着重要的烘托作用。任何有经验的化妆者，都会将描眉视为其化妆时的重中之重。在描眉时，有四点需要注意：一是先要进行修眉，以专用的镊子拔除那些杂乱无序的眉毛。二是描眉所要描出的整个眉形，必须要兼顾本人的性别、年龄与脸形。三是在具体描眉形时，要对眉毛逐根进行细描，而忌讳一画而过。四是描眉之后应使眉形具有立体之感，所以在描眉时通常都要在具体手法上注意两头淡，中间浓；上边浅，下边深。

5. 上腮红

上腮红是化妆时在面颊处涂上适量的胭脂。上腮红的好处，是可以使化妆者的面颊更加红润，面部轮廓更加优美，并且显示出其健康与活力。在化工作妆时上腮红，需要注意四点：一是要选择优质的腮红，若其质地不佳，便难有良好的化妆效果。二是要使腮红与唇膏或眼影属于同一色系，以体现妆面的和谐之美。三是要使腮红与面部肤色过渡自然。正确的做法应是，以小刷沾取腮红，先上在颧骨下方，即高不及眼睛、低不过嘴角、长不到眼长的1/2处，然后才略作延展晕染。四是要扑粉进行定妆。在上好腮红后，即应以定妆粉定妆，以便吸收汗粉、皮脂，并避免脱妆。扑粉时不要用量过多，并且不要忘记在颈部也要扑上一些。

6. 涂唇彩

化妆时，唇部的地位仅次于眼部。涂唇彩，既可改变不理想的唇形，又可使双唇更加娇媚迷人。涂唇膏时的主要注意事项有：一是要先以唇线笔描好唇线，确定好理想的唇形。唇线笔的颜色要略深于唇膏的颜色。描唇形时，嘴应自然放松张开，先描上唇，后描下唇。在描唇形时，应从左右两侧分别沿着唇部的轮廓线向中间画。上唇嘴角要描细，下唇嘴角则要略去。二是要涂好唇膏。以唇线笔描好唇形后，才能涂唇膏。选择唇膏时，既可以选彩色，也可以选无色。但要求其安全无害，并要避免选用鲜艳古怪之色。女性一般宜选棕色、橙色或紫色，男性则宜选无色唇膏。涂唇膏时，应从两侧涂向中间，并要使之均匀而又不超出以唇线笔画定的唇形。三是要仔细检查。涂完唇彩后，要用纸巾吸去多余的唇膏，并细心检查一下牙齿上有无唇膏的痕迹。

化妆不但要掌握一定的方法，还要掌握化妆的礼节。化妆的浓淡视时间而定，白天工作场合化淡妆，夜晚化浓妆、淡妆都适宜；不能在公共场所里化妆，在众目睽睽之下化妆是非常失礼的。如有必要化妆或修饰的话，要在卧室或化妆间里去做。工作时间不能化妆，否则易被他人当做不务正业的人。不允许在同事面前化妆，否则会引起误会；不要非议他人的妆容。由于民族、肤色和文化修养的差异，每个人的化妆不可能都是一样的；男士化妆应适当，化妆品不宜太多，否则令人反感；不要借用他人的化妆品，这样做既不卫生又不礼貌。

(3) 手部：保持清洁，不留指甲，不涂指甲油。

(4) 饰物：工作期间不能佩戴项链、耳环、手镯，但可以佩戴手表。

2. 导游人员的仪容要求

容貌修饰上要得体，要与所在工作岗位、身份、年龄和性别相称，不能引起游客的反感。

(二) 仪表

仪表，主要是指服饰，狭义的概念是指衣服上的装饰，广义上指衣服及其装饰。而其装饰又包括与衣服分开的装饰用品，如领带、胸针、眼镜和手表之类的饰物。

1. 服饰美的三要素

服饰美是由质地美、色彩美、款式美三者结合而形成的完美统一体。

①服饰的质地。优良质地的服装大都具有穿着舒适、挺括、高贵、大方等特点。

②服饰的款式。服饰的款式指的是它的种类、式样与造型。在社交场合，选择服装款式时，最重要的是要维护自身形象，使之合乎身份。总之，着装要规范得体，应遵守 TPO 原则。TPO 原则是有关服饰礼仪的基本原则之一，其中 T、P、O 分别是英文时间（Time）、地点（Place）、场合（Occasion）这三个单词的缩写。

③服饰的色彩。

A. 色彩的特征。色彩是人的眼睛对物体反射的不同波长的光所产生的印象。从色彩的功能上看，它具有如下基本特征。a. 色彩的冷暖。每种色彩都有区别于其他色彩的独特的感觉色味，通常把这种具有红、橙、黄、绿、青、蓝、紫等色味的色彩现象，叫做色相。色彩因色相不同，可产生温暖或寒冷的感觉：使人有温暖、热烈、兴奋之感的色彩，叫暖色，如红色、黄色；使人有寒冷、抑制、平静之感的色彩，则叫冷色，如蓝色、黑色。b. 色彩的轻重。色彩的明亮程度，被称为明度。不同明度的色彩往往给人以轻重不同的感觉。明亮的颜色感觉轻，使人有上升感。灰暗的颜色感觉重，使人有下垂感。c. 色彩的软硬。色彩显现出来的鲜艳程度，叫做纯度。色彩的软硬与其明度和纯度有密切的关系。色彩明度和纯度越高，就越鲜艳纯粹，并给人以柔软、润滑的感觉，如浅黄、浅绿等。色彩明度和纯度越低，就越为深暗，并给人以坚硬、朴实的感觉。d. 色彩的缩扩。色彩的波长不同，给人收缩或扩张的感觉就不同。一般来讲，冷色、深色属收缩色，暖色、浅色则为扩张色。

B. 服饰色彩的搭配。a. 同色搭配法，即配色尽量采用同一色系之中各种明度不同的色彩，按照深浅层次的不同进行搭配，以达到和谐统一的效果。b. 相似色搭配法。色彩学上把色环上 90 度以内的邻近色称为相似色。如绿与蓝、红与橙黄等。它与同色搭配相比，丰富且有变化，但注意色彩上的数量不宜太复杂，应遵循服饰礼仪的“三色原则”，即正式场合的服饰配色，包括服装、饰品等一切服饰，其颜色不应超过三种以上，否则就显得杂乱无章，给人低俗之感。c. 对比色搭配法，即在配色时运用性质相反的色彩进行组合的方法，它可以使着装在色彩上反差强烈，产生明快、生动的效果，从而突出个性。如红与绿、黄与蓝、白与黑等都是最常见的对比色，如果将它们的颜色按 1∶1 进行组合，会有强烈、醒目的色彩效果。d. 无色系与有色系之间的搭配，即黑、白、灰和其他任何色彩搭配。e. 无色系之间的搭配，即黑、白、灰之间的搭配。

首饰的佩戴技巧

在体形上要使首饰为自己的体形扬长避短。选择首饰时应充分正视自己的形体特点。如脖子长的人适合戴短、粗的项链，脖子短的人适合戴细、长的项链，而手掌大、手指粗的人不宜戴过大或过小的戒指；而手指短粗的人适合戴线条流畅的戒指，应避免戴方戒指或大嵌宝戒。手掌与手指偏小的人不适合戴大戒指，而适合戴小巧玲珑的小型戒指或小钻戒，可令手指秀丽可爱。

在佩戴方法上，女士也应注意：戒指戴在不同的手指上有不同的寓意，戴在食指上表示自己还没有男朋友，戴在中指上表示自己还在热恋，戴在无名指上表示已婚，戴在小指上表示主观上自愿独身。

项链的粗细应与脖子的粗细成正比，与脖子的长短成反比。从长度上分，项链可分为四种：短项链约 40 厘米，适合搭配低领上衣；中长项链约 50 厘米，可广泛使用；长项链约 60 厘米，适合在社交场合使用；特长项链约 70 厘米，适合用于隆重的社交场合。

耳环可分为耳环、耳坠、耳钉，在一般情况下为女性所用，并且讲究成对使用。戴耳环时应兼顾脸形，不要选择与脸形相似的形状，以防同形相斥，使脸形方面的短处被强调、夸大。

胸针要注意别的部位，穿西服应别在左侧领上，穿无领上衣时应别在左侧胸前。发型偏左时胸针应当居右，发行偏右时胸针应当偏左，其高度应位于从上往下数第一粒和第二粒纽扣之间。

2. 旅游工作者的着装规范

（1）男士西装着装规范。

①整体效果。首先一定要合身，另外西装要熨烫平整、干净挺括。整体色彩控制在三种颜色以内，同时注意在正式场合，鞋、包、腰带应为同一颜色，并以黑色为佳。

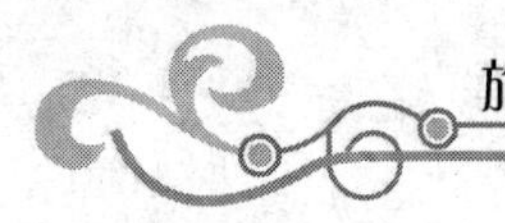

②衣袖和裤脚。在穿西装前要拆除衣袖上的商标，以免被他人取笑。西装的袖口和裤脚不应卷挽，以免有动粗之嫌或给人以粗俗之感。

③衬衫。穿着西装时，衬衫的搭配也很有学问，衬衣颜色的深浅，应与西装颜色成对比，不宜选择同类色，否则搭配分不出衬衣与西装的层次感。正装的衬衫必须为纯色，以浅色为主，白色最常用。衬衫最讲究的是领口，领型多为方领，领头要硬挺、清洁。衬衫衣领要高出西装衣领，衬衫衣袖要长于西装袖口 1 厘米左右，以显示层次。不论在何种场合，衬衫的下摆务必塞进裤内，袖扣必须扣上。内衣应单薄，以保持西装的线条美。如遇天冷时，可在衬衫外面再套一件西装背心或鸡心领羊毛衫，但不能显臃肿之态。衬衫要保持整洁无皱褶，尤其是衣领和袖口。

④领带。领带是西装的灵魂，凡正式的场合，穿西装不系领带会显得苍白无力。领带有普通结（小结）、温莎结（大结）和小温莎结（中结）三种不同的系法。领带结的大小随衬衣领的宽窄而变，衬衣领角越大，领带结越大；衬衣领角越尖，领带结越小。领带的宽度随西装领的宽度而变，西装领越宽，领带越宽。领带的长度以到皮带扣处为佳，切忌垂到裤腰以下。领带的颜色应与衬衣和西装搭配协调，一般应选择衬衣和西装颜色的中间过渡色。图案以单色无图案的领带为主，有时也可选择条纹、圆点、细格等规则形状为主的图案。领带夹一般在第四和第五粒扣之间。如衬衫外面穿背心或羊毛衫，则须将领带置于背心或羊毛衫内。非正式场合可以不打领带，但应把衬衫领扣解开，以示休闲洒脱。

⑤纽扣。西装有单排扣和双排扣之分，穿单排三粒扣西服，一般扣中间一粒或上两粒；单排两粒扣，只扣第一粒，或全部不扣。若在正式场合，则要求把第一粒扣扣上，在坐下时方可解开。如系双排扣西装，应将扣一一扣上。

⑥西裤。西裤作为西装整体的一个主要部分，应与上装相协调。西裤长度以触到脚背为宜。西裤穿着时，裤扣要扣好，拉链要拉到位。

⑦口袋。无论是两件套或三件套西服，其上衣和西裤口袋应少装或不装东西。钱包、打火机等用品可装在西装左、右内侧衣袋里，以保持西服的美观。

⑧鞋袜。按照西装的着装要求，穿西装应配黑色系带皮鞋，并保持鞋面清洁锃亮。旅游鞋或长筒鞋等不宜在正式场合穿用。与皮鞋配套的袜子应为深色的纯棉、线、丝或羊毛制品，忌穿白色袜子。而且袜筒要足够高，弹力要好，以免坐下后露出一截腿，极为不雅。

（2）女士套裙着装规范。

①女士套裙的着装。A. 忌透。B. 忌露。C. 忌短。在社交场合，裙装应长及膝或过膝 10 厘米左右，直筒裙的效果最好。

②女士西装套裙的着装规范。A. 大小适度，穿着到位。B. 搭配适当，装饰协调。C. 内衣忌露，鞋袜得体。D. 兼顾举止，优雅稳重。

（3）旅游行业制服着装规范。

①整齐大方。制服的款式要简洁、高雅，线条自然流畅。制服必须合身，注意四长（袖到手腕、衣至虎口、裤到脚面、裙到膝盖）、四周（领围以能插入一指大小宽松度为宜，上衣的胸围、腰围及裤腰的臀围以能穿一件羊毛衣裤的松紧为宜）。尤其内衣不要外露；不挽袖卷裤；不漏扣、不掉扣；领带、领结与衬衫的吻合要紧凑且不歪；工号牌或标志牌要佩戴在左胸前；有的岗位还要戴好手套和帽子。敞胸露怀、不系领扣、高卷袖筒、挽起裤腿、不打领带、衬衫下摆束起等，不仅有损制服的整体造型，还破坏了企业的形象。

②清洁。要经常定期或不定期地换洗，做到衣裤无油渍、无污垢、无异味。领口与袖口尤其要保持干净。

③挺拔。为了保证衣裤不起皱，穿前要烫平，穿后要挂好，做到上衣平整、裤线笔挺。穿制服时，不要乱倚、乱靠、乱坐。

④无破损。穿着制服，要求整整齐齐、外观完好。如制服有破损，就不宜继续在工作岗位穿着。在工作中发现破损，就应立即采取措施补救。特别是在窗口部门工作的人员更应注意制服的完好。

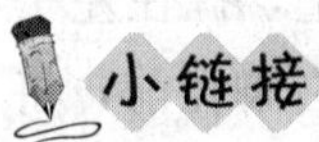

女士形象缺陷弥补技巧

一、颈短

1. 不能穿高领或立领衫

要是脖子比较短，最好不要穿高领或立领的衣服，因为领口直接顶到下巴会不太美观。

2. 深色圆领衫

脖子比较短不适宜穿黑色圆领衫，穿上的效果会令脖子看起来更短。白色圆领衫与皮肤可以顺利过渡，不太显眼。所以，肉色、米色、白色都可以穿。

3. V 领衫

脖子短的女士最适合穿 V 领衫，在视觉上会起到拉长颈部的效果。

二、腰长腿短

穿对了衣服，两条腿看起来比穿错衣服时可以加长 20%。

（1）把人们的注意力往上挪，将上衣的焦点放在领口，像穿荷叶领或戴七彩丝巾等。再穿上暗色长裤便可以了。

（2）穿高腰直脚裤。

（3）穿一双坡跟鞋，可间接加长双腿。

(4) 穿裙子时不要穿窄身直裙。

三、个子矮

简单而言，个子矮的人要用小巧的东西，不要穿太长的衣服，不用太大的物件比如大手袋。多露点手臂和腿，剪一个小巧的发型。穿浅色的衣服也有一定的帮助。

(三) 仪态

1. 站姿

(1) 标准的站姿，即基本站姿。从正面看，全身笔直，精神饱满，两眼正视（而不是斜视），两肩平齐，两臂自然下垂，两脚跟并拢，两脚尖张开60度，身体重心落于两腿正中；从侧面看，两眼平视，下颌微收，挺胸收腹，腰背挺直，手中指贴裤缝，整个身体庄重挺拔。站姿的要领是：一要平，即头平正、双肩平、两眼平视。二要直，即腰直、腿直，后脑勺、背、臀、脚后跟成一条直线。三要高，即重心上拔，看起来显得高。

(2) 旅游服务人员常用站姿。在酒店服务工作中，许多岗位需要站立服务，在为客人服务时，站姿一定要规范。酒店工作人员在工作中的站姿有以下几种：

①垂臂式站姿。与基本站姿相同，如图1-1所示。

②腹前握指式站姿。在基本站姿的基础上，两手握于腹前，右手在上，握住左手手指部位，两手交叉放在衣扣垂直线上。A. 女。在基本站姿的基础上，右脚在前，将右脚跟靠于左脚内侧前端，两手交于腹前，身体重心可在两脚上，也可在一只脚上，通过两脚重心的转移减轻疲劳，如图1-2所示。B. 男。在基本站姿的基础上，左脚向左横迈一步，两脚之间距离不得超过肩宽，两脚呈平行站立，两手握于腹前，身体重心在两脚上，身体直立，注意不要挺腹或后仰。

图1-1 垂臂式站姿

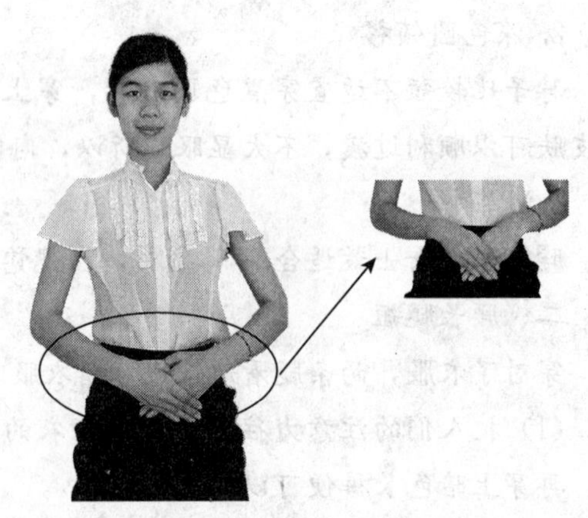

图1-2 腹前握指式站姿

③后背握指式站姿。在基本站姿的基础上，两臂后摆，两手在身后相握，右手握住左手手指部位，左手在上，置于髋骨处，两臂肘关节自然内收，如图 1 - 3 所示。

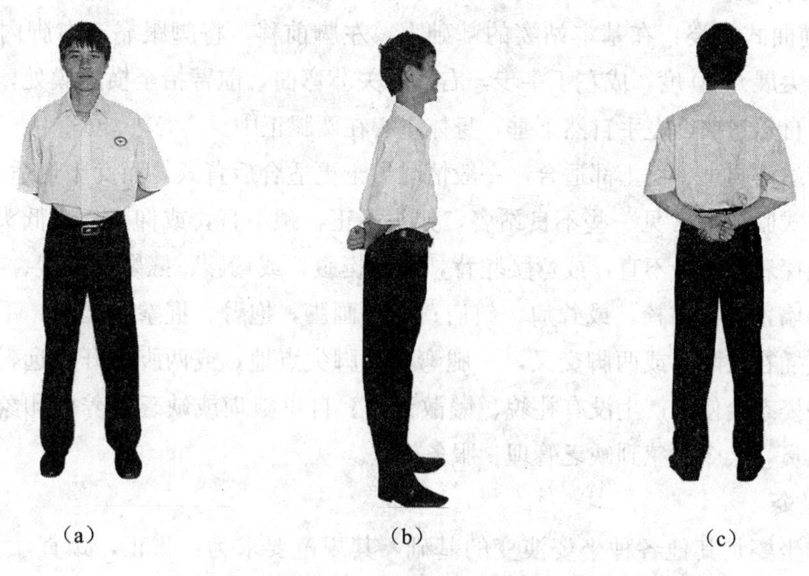

（a） （b） （c）

图 1 - 3 后背握指式站姿

④单臂后背式站姿。A. 左臂后背式站姿：在基本站姿的基础上。左手背后，右手自然下垂，身体重心在两腿正中，如图 1 - 4 所示。B. 右臂后背式站姿：在基本站姿的基础上。右手背后，左手自然下垂，身体重心在两腿正中，如图 1 - 5 所示。

图 1 - 4 左臂后背式站姿

图 1 - 5 右臂后背式站姿

⑤单臂前曲式站姿。A. 左臂前曲式站姿：在基本站姿的基础上，右脚前移，将脚跟靠于左脚内侧中间位置，两脚尖展开 90 度，成右丁字步。左臂肘关节弯曲，前臂抬至横膈膜处，左手手心向里，手指自然弯曲，右手自然下垂，身体重心在两腿正中。B. 右臂前曲式站姿：在基本站姿的基础上，左脚前移，将脚跟靠于右脚内侧中间位置，两脚尖展开 90 度，成左丁字步，右臂肘关节弯曲，前臂抬至横膈膜处，右手心向里，手指自然弯曲，左手自然下垂，身体重心在两腿正中。

以上站姿男士、女士都适合，一般情况男士更适合后背式，而女士更适合前曲式。在酒店站式服务中常见一些不良站姿，如头不正，颈不直，或仰头，或低头，或左右偏头，或探着颈；身不直，或弯腰驼背，含胸挺腹，或塌腰、撅臀、挺腹、身子前倾，或倚门靠墙，趴桌靠椅，或耸肩、斜肩；指手画脚，抱臂、握拳、叉腰，手放在衣裤兜里，或插在腰际；或两脚交叉，一腿弯曲，脚尖点地，或两脚分开太远，腿脚抖动等。这些姿态会使人产生没有礼貌、懒散无力、自卑猥琐或缺乏教养的印象。作为酒店服务人员，会令人感到缺乏管理、服务较差。

2. 坐姿

基本坐姿是其他各种坐姿演变的基础，其规范要求为：头正，颈直，下颌微收，双目平视前方，或注视对方；身体正直，挺胸收腹，腰背挺直；双腿并拢，小腿与地面垂直，双膝和双脚脚跟并拢；双肩放松下沉，双臂自然弯曲内收，双手呈握指式，手指自然弯曲，放于腹前双腿上。忌弯腰驼背，含胸挺腹，双膝分开。

①双腿垂直式坐姿。与基本坐姿相同，有时根据情况，上体可稍微前倾。这种坐姿是正式场合最基本的坐姿，它给人以诚恳、认真的印象，如图 1－6 所示。

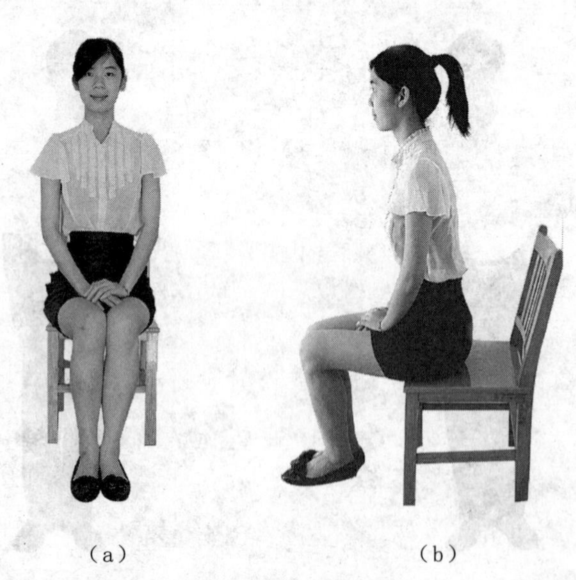

（a）　　（b）

图 1－6　双腿垂直式坐姿

②开膝合手式坐姿。在基本坐姿的基础上，双脚向外平移，两脚间距离不得超过肩宽，两小腿垂直于地面，两膝分开，两手放在膝盖上。此坐姿仅适于男士，如图1－7所示。

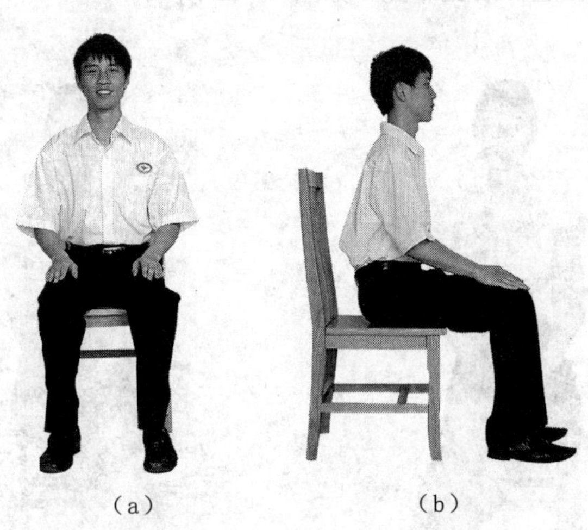

（a）　　（b）

图1－7　开膝合手式坐姿

③前伸式坐姿。在基本坐姿的基础上，女士左脚向前伸出，全脚着地，小腿与地面的夹角不得小于45度，右脚跟上，右脚内侧脚弓部靠于左脚跟处，全脚着地，脚尖不可上翘。男士双脚前伸并拢，小腿与地面的夹角不小于45度。

④双腿斜放式坐姿。a. 左斜放式：在基本坐姿的基础上，左脚向左平移一步，左脚掌内侧着地。右脚左移，右脚内侧中部靠于左脚脚跟处，右脚脚掌着地，脚跟提起，双腿靠拢斜放。两膝在整个过程中始终相靠，如图1－8（a）所示。b. 右斜放式：在基本坐姿的基础上，右脚向右平移一步，右脚掌内侧着地，左脚右移，左脚内侧中部靠于右脚脚跟处，左脚脚掌着地，脚跟提起，双腿靠拢斜放。两膝在整个过程中始终相靠，如图1－8（b）所示。

无论左斜放或右斜放坐姿，大腿与小腿均呈90度直角，小腿不回屈，充分显示小腿的长度。两脚、两腿、两膝靠拢，不得露出缝隙。未着地的脚掌内外侧切记不可上翘，否则会有失雅观。若旁边有人，应将膝部而不是脚部朝向他人。双腿斜放式坐姿仅适于女士。

⑤双脚交叉式坐姿。a. 前伸交叉式：在基本坐姿的基础上，右小腿向前伸出与地面呈45度，左小腿跟上，右脚在上与左脚相交，两脚交叉于踝关节处，如图1－9所示。b. 左斜放交叉式：在基本坐姿的基础上，左脚向左平移，左脚掌及脚跟内侧着地，右脚在下与左脚相交，右脚掌外侧着地，脚跟提起，两脚交叉于踝关节处，两小腿成斜放，两腿靠拢。此坐姿仅适于女士，如图1－10所示。c. 右斜放交叉式：在基本坐

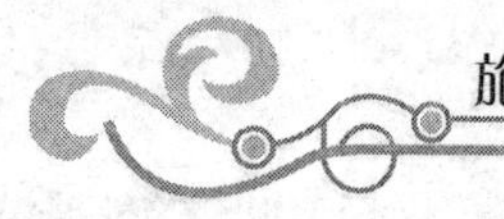

姿的基础上，右脚向右平移，右脚掌及脚跟内侧着地，左脚在下与右脚相交，左脚掌外侧着地，脚跟提起，两脚交叉于踝关节处，两小腿成斜放，两腿靠拢。此坐姿仅适于女士，如图 1－11 所示。d. 后收交叉式：在基本坐姿的基础上，双脚后收于椅下，两脚脚掌着地，脚跟提起，两腿靠拢，如图 1－12 所示。

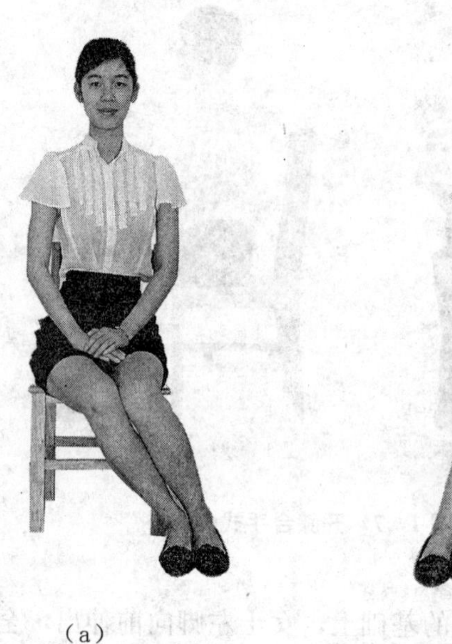

（a）　（b）

图 1－8　双腿斜放式坐姿

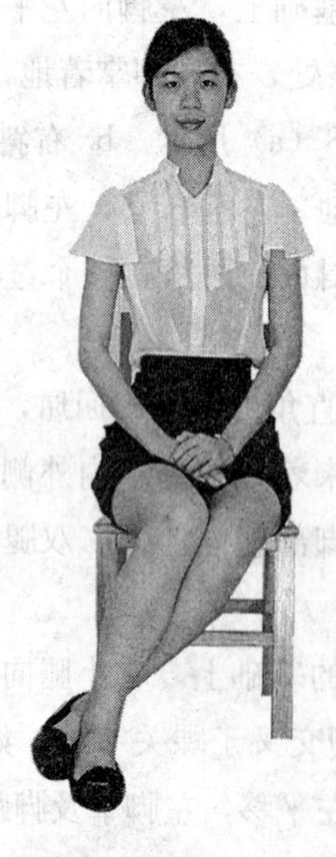

图 1－9　双脚交叉式坐姿

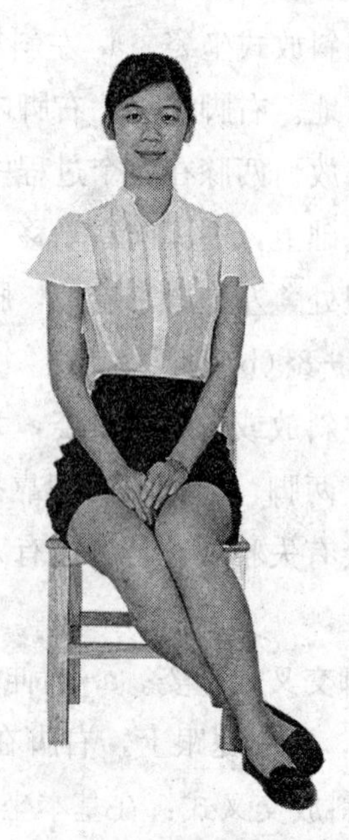

图 1－10　左斜放交叉式坐姿

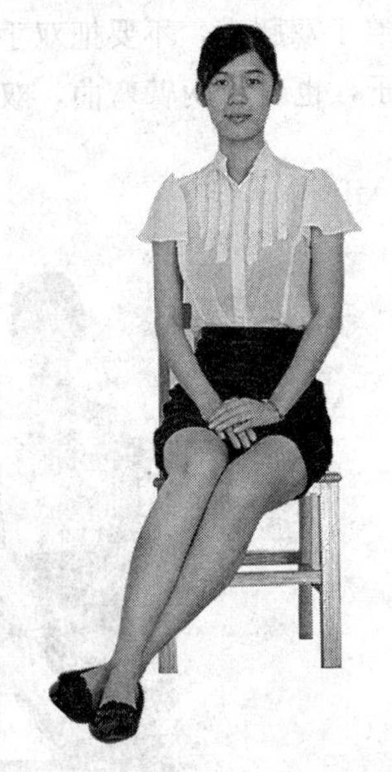

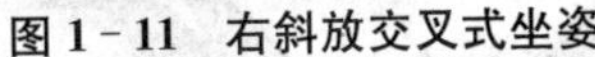
图 1－11　右斜放交叉式坐姿

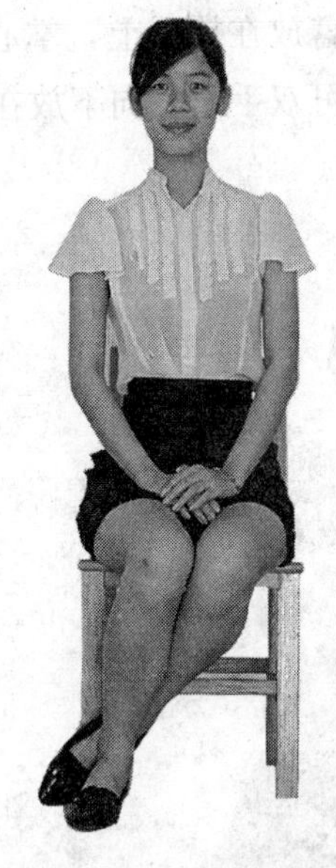
图 1－12　后收交叉式坐姿

双腿交叉式坐姿也适宜于坐低矮凳时采用。但需注意，无论是前伸交叉式，还是左斜放交叉式，或者右斜放交叉式，都不得将双脚伸出太远。后收交叉式适于座椅凳下为空者，沙发类椅子则不宜采用此坐姿。

⑥双腿交叠式坐姿。在基本坐姿的基础上，左小腿起支撑作用，右腿交叠于左腿上，小腿内收，脚尖向下，交叠的两小腿紧靠呈一条直线。此坐姿适于高脚凳椅，如图1－13所示。

⑦双脚点地式坐姿。a. 后点地式：在基本坐姿的基础上，两脚后收，脚掌着地，脚跟紧靠，双腿并拢。此坐姿适于凳椅下有空间者。b. 左侧点地式：在基本坐姿的基础上，两脚向左侧伸出，左脚跟靠于右脚内侧中部，左脚掌内侧着地，右脚脚跟提起，脚掌着地，双腿两膝并拢。此坐姿适于女士，如图 1－14 所示。c. 右侧点地式：在基本坐姿的基础上，两脚向右侧伸出，右脚跟靠于左脚内侧中部，右脚掌内侧着地，左脚脚跟提起，脚掌着地，双腿两膝并拢。此坐姿适于女士，如图 1－15 所示。

⑧开并式坐姿。在基本坐姿的基础上，两脚外移分开，两脚间分开的距离不得超出肩宽，两脚尖略向外，两膝并拢，两腿呈下开上并之态，此坐姿适于坐在低矮的凳椅或不起眼的地方。

⑨曲伸式坐姿。在基本坐姿的基础上，右脚后收，脚掌着地，右脚呈后曲状；左脚前伸，全脚着地，左腿呈前伸状，膝部靠拢，两脚前后在一条直线上。

坐姿中除了注意两腿两脚的摆放外，两臂两手的摆放姿势也很重要。两臂双手的摆放除两臂自然弯曲内收，两手呈握指式放于腹前双腿之上，还可根据坐姿的变化两手呈握指式放于一腿上。若椅子有扶手，女士可将两手重叠或呈握指式放于扶手上，也可将一手臂放在扶手上，掌心朝下，另一手臂横放于双腿上，不要把双手放在扶手上，男士则可双手掌心向下放在扶手上。若前有桌子，也可将两臂弯曲，双手相握放在桌子上。

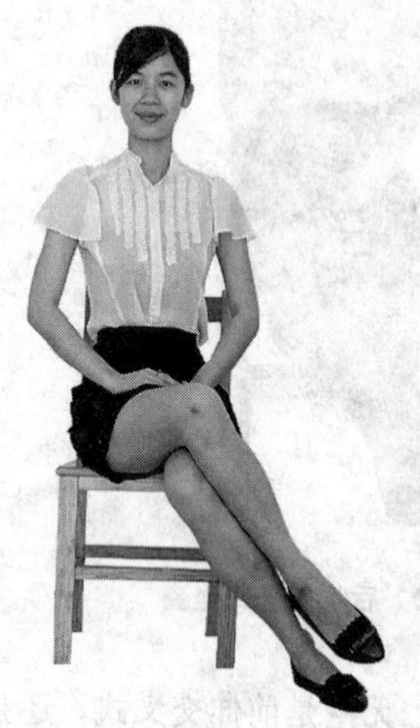

图 1－13　双腿交叠式坐姿

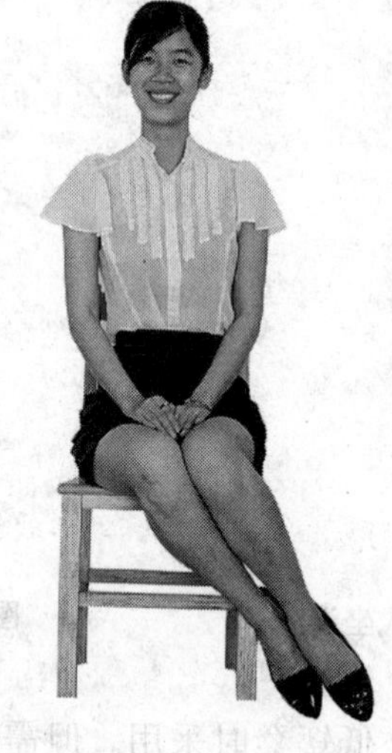

图 1－14　左侧点地式坐姿

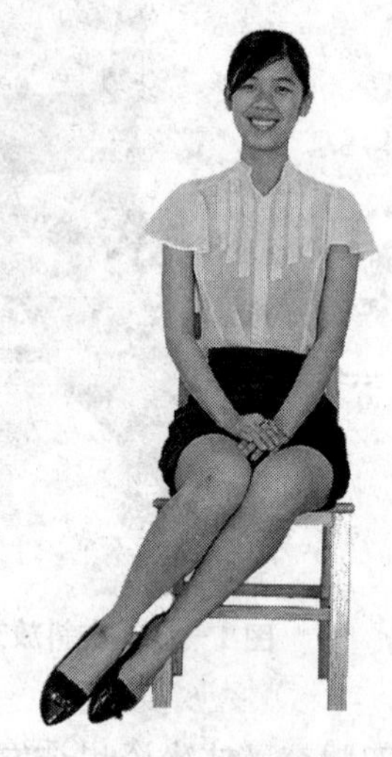

图 1－15　右侧点地式坐姿

无论哪种坐姿，一般不要满坐。如与德高望重的长辈、上级等谈话时，为表示尊重、敬意可坐凳面的 1/3；如坐宽大的椅子或沙发，不可满坐，也不可坐得太靠里面，坐满 2/3 即可，否则会使小腿靠着椅子边或沙发边而有失雅观；若坐得太少太靠边会使人感到你在暗示对方你随时都会离开。与人谈话时要目视对方，若对方不是与你对面相坐，而是有一定的角度或坐于你的一侧，那么我们的上体和腿应同时转向一侧面对着对方。

3. 行姿

标准的行姿为：上身基本保持站立的标准姿势，挺胸收腹，腰背笔直；两臂以身体为中心，前后自然摆动。前摆约 35 度，后摆约 15 度，手掌朝向体内；起步时身子稍向前倾，重心落前脚掌，膝盖伸直；脚尖向正前方伸出，行走时双脚踩在一条线缘上。如图 1－16 所示。

正确的行走，上体的稳定与下肢的频繁规律运动形成对比和谐，干净利落、鲜明均匀的脚步，形成节奏感，前后、左右行走动作的平衡对称，都会呈现行走时的形式美。

4. 手势

手势语是通过手和手指活动所传递的信息，是一种非常富有表现力的“体态语言”，它不仅对口头语言起加强、说明、解释等辅助作用，而且还能表达有些口语语言所无法表达的内容和情绪。在旅游服务中，手势语起着重要的作用。手势语的运用应规范适度，不宜过多，动作幅度不宜过大，应该显得落落大方、明确而热情，与全身配合协调，要给人一种优雅、含蓄、彬彬有礼的感觉。

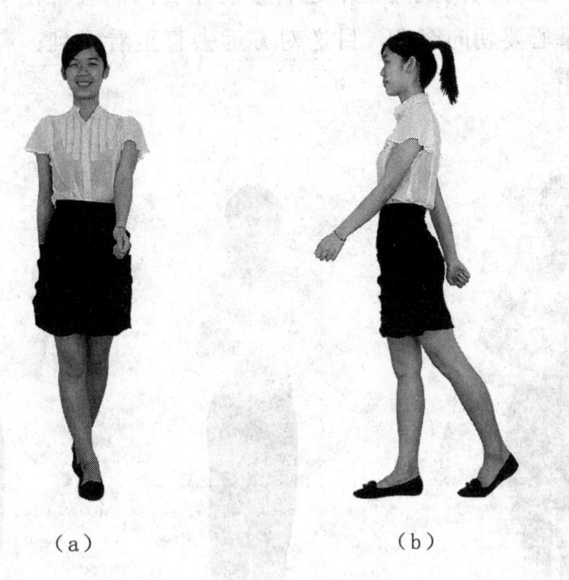

(a)　　　　(b)

图1-16　标准行姿

①“请”的手势。这是运用最多的手势之一，根据不同的场景，“请”有着不同的意义，如“请跟我来”“请进”“这边请”“请坐”等。无论哪一种，其基本手势是相同的，仅手臂所抬的高度有所不同。“请进”手臂抬起较高，如图1-17所示；“请坐”手臂抬起较低，如图1-18所示。“请”手势规范要求：五指伸直并拢，掌心不可凹陷，手掌斜上方，与地面呈45度角，腕关节伸直，手与前臂呈直线，肘关节微屈，其弧度以140度为宜，腕关节要低于肘关节。身体微微前倾，头稍微往手势方向倒，目视来宾，面带微笑。根据情况，左右手均可。

②介绍的手势。有介绍他人和介绍自己两种手势。介绍他人时的手势要求（如图1-19所示）：五指伸直并拢，掌心向上，手腕与前臂呈一直线，以肘关节为轴，整个手臂略弯曲，手掌指向被介绍人，忌用手指来指点。目视被介绍人，并兼顾客人，面带微笑。介绍自己时的手势要求：右手五指伸直并拢，用手掌轻靠自己的左胸位置，目视对方或众人，表情亲切自然、端庄大方。

③鼓掌。作为一种手势语，鼓掌含有欢迎、赞许、祝贺、鼓励、感谢等语义。鼓掌时应用右手手掌拍击左手掌心，一般不要过分用力，时间不宜过长，不可用指尖拍左手掌心。

④举手致意。在工作中，服务人员若遇见相识的客人，但自己正忙于工作，或彼

此相距较远，或在急促行走，这时可举起右手以示致意，避免让对方产生被冷落感。当客人有事呼唤服务人员，而服务员又正在忙，不能马上去到客人跟前时，也可举手致意。举手致意时，掌心要朝对方，目视对方，面带微笑。

⑤举手告别。在客人离别时，举起右手向左右两侧轻轻摆动，表示告别、再见之意，此时应注意掌心要朝向客人，目送对方远去直至看不到；有时也可双手并用，手臂应尽力向前伸出。

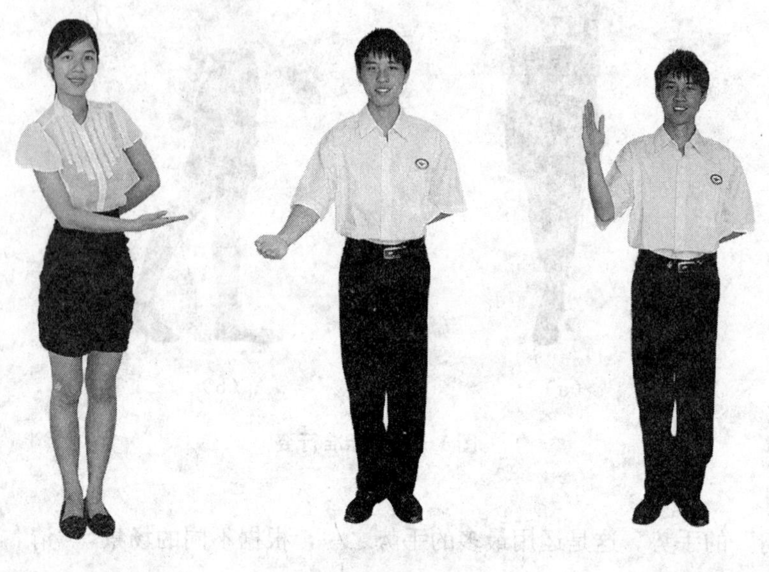

图 1-17 请进手势　　图 1-18 请坐手势　　图 1-19 介绍手势

手是传情达意的最有利工具，正确适当地运用手势，可以增强感情的表达。手势是旅游接待工作中必不可少的一种体态语言，学习手势语是大有学问的。有的服务人员在服务过程中，表现出手势运用不规范、不明确、动作不协调，寓意含混等现象，给顾客留下漫不经心、不认真、素质不高的印象。

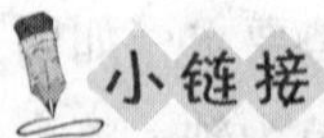

不同手势的含义

一、“OK”的手势

拇指和食指合成一个圆圈，其余三指自然伸张。这种手势在西方某些国家比较常见，但应注意在不同国家其语义有所不同。如：在美国表示“赞扬”“允许”“了不起”“顺利”“好”；在法国表示“零”或“无”；在印度表示“正确”；在中国表示“零”或“三”两个数字；在日本、缅甸、韩国则表示“金钱”；在巴西则是“引诱女人”或

“侮辱男人”之意；在地中海的一些国家则是“孔”或“洞”的意思，常用此来暗示、影射同性恋。如图1－20所示。

二、伸大拇指手势

大拇指向上，在说英语的国家多表示“OK”之意或是打车之意；若用力挺直，则含有骂人之意；若大拇指向下，多表示坏、下等人之意。在中国，伸出大拇指这一动作基本上是向上伸表示赞同、一流、好等之意，向下伸表示蔑视、不好等之意。如图1－21所示。

三、“V”字形手势

伸出食指或中指，掌心向外，其语义主要表示胜利（英文 Victory 的第一个字母），掌心向内，在西欧表示侮辱、下贱之意。这种手势还时常表示“二”这个数字。如图1－22所示。

四、伸出食指手势

在我国以及亚洲一些国家表示“一”“一个”“一次”等；在法国、缅甸等国家则表示“请求”“拜托”之意。在使用这一手势时，一定要注意不要用手指指人，更不能在面对面时用手指着对方的面部和鼻子，这是一种不礼貌的动作，且容易激怒对方。

五、捻指作响手势

就是用手的拇指和食指弹出声响，其语义或表示高兴，或表示赞同，或是无聊之举，有轻浮之感。应尽量少用或不用这一手势，因为其声响有时会令他人反感或觉得没有教养，尤其是不能对异性运用此手势，这是带有挑衅、轻浮之举。

图1－20　“OK”手势

图1－21　伸大拇指手势

图1－22　“V”字形手势

5. 微笑

微笑，是一种特殊的语言——“情绪语言”。它可以和有声语言及行动相配合，起

“互补”作用，沟通人们的心灵，架起友谊的桥梁，给人以美好的享受。工作、生活中离不开微笑，社交中更需要微笑。微笑是世界通用的体态语，它超越了各种民族和文化的差异。微笑是人人都喜爱的体态语，正因为如此，无论是个人还是组织，都充分重视微笑及其作用。微笑是有规范的，一般要注意四个结合：

①口眼结合。要口到、眼到、神色到，笑眼传神，微笑才能扣人心弦。

②笑与神、情、气质相结合。这里讲的“神”，就是要笑得有情入神，笑出自己的神情、神色、神态，做到情绪饱满，神采奕奕；“情”，就是要笑出感情，笑得亲切、甜美，反映美好的心灵；“气质”就是要笑出谦逊、稳重、大方、得体的良好气质。

③笑与语言相结合。语言和微笑都是传播信息的重要符号，只有注意微笑与美好语言相结合，声情并茂，相得益彰，微笑方能发挥出它应有的特殊功能。

④笑与仪表、举止相结合。以笑助姿、以笑促姿，形成完整、统一、和谐的美。尽管微笑有其独特的魅力和作用，但若不是发自内心的真诚的微笑，那将是对微笑语的亵渎。有礼貌的微笑应是自然坦诚的内心真实情感的表露。否则强颜欢笑，假意奉承，那样的“微笑”则可能演变为“皮笑肉不笑”“苦笑”。比如，拉起嘴角一端微笑，使人感到虚伪；吸着鼻子冷笑，使人感到阴沉；捂着嘴笑，给人以不自然之感。这些都是失礼之举。

6. 眼神

眼神主要由注视的时间、视线的位置和瞳孔的变化三个方面组成。

①注视的时间。据调查，人们在交谈时，视线接触对方脸部的时间约占全部谈话时间的30%～60%，超过这一平均值，可认为对谈话者本人比谈话内容更感兴趣；低于平均值，则表示对谈话内容和谈话者本人都不怎么感兴趣。不难想象，如果谈话时心不在焉、东张西望，或只是由于紧张、羞怯不敢正视对方，目光注视的时间不到谈话的1/3，这样的谈话，必然难以被人接受和信任。当然，必须考虑到文化背景，如南欧人认为注视对方可能会造成冒犯。

眼睛的语言

俗话说“眼睛是心灵的窗户”，它是人体传递信息最有效的器官，而且能表达最细微、最精妙的差异，显示出人类最明显、最准确的交际信号。正如著名印度诗人泰戈尔所说：“在眼睛里，思想敞开或是关闭，放出光芒或是没入黑暗，静悬着如同落月，或者像忽闪的电光照亮了广阔的天空。那些自有生以来除了嘴唇的颤动之外没有语言的人，学会了眼睛的语言，这在表情上是无穷无尽的，像海一般的深沉，天空一般的清澈，黎明和黄昏，光明与阴影，都在自由嬉戏。”据研究，在人的视觉、听觉、味觉、嗅觉和触觉感受中，唯独视觉感受最为敏感，人由视觉感受的信息占总信息的83%。在汉语中用来描述眉目表情的成语就有几十个，如“眉飞色舞”“眉目传情”“愁眉不展”“暗送秋波”“眉开眼笑”“瞠目结舌”“怒目而视”……这些成语都是通过眼语来反映人们的喜、怒、哀、乐等情感的，人的七情六欲都能从眼睛这个神秘的器官内显现出来。

②视线的位置。人们在社会交往中，不同的场合和对象，目光所及之处也是有差别的。有的人在与比较陌生的人打交道时，往往因为不知把目光怎样安置而窘迫不安；因被人注视而将视线移开的人，大多怀有相形见绌之感；仰视对方，一般体现“尊敬、信任”的语义；频繁而又急速地转眼，是一种反常的举动，常被用做掩饰的一种手段。当然，如果死死地盯着对方或者东张西望，不仅是极不礼貌，而且也显得漫不经心。

③瞳孔的变化。瞳孔的变化即视觉接触时瞳孔的放大或缩小。心理学家往往用瞳孔变化大小的规律，来测定一个人对不同的事物的兴趣、爱好、动机等。兴奋时，人的瞳孔会扩张到平常的4倍大；相反，生气或悲哀时，消极的心情会使瞳孔收缩到很小，眼神必然无光。所谓“脉脉含情”“怒目而视”等都多与瞳孔的变化有关。古时候的珠宝商人已注意到这种现象，他们能窥视顾客的瞳孔变化而猜测对方是否对珠宝感兴趣，从而决定是抬高价钱还是跌价。

在社交过程中，与朋友会面或被介绍认识时，可凝视对方稍久一些，这即表示自信，也表示对对方的尊重。双方交谈时，应注视对方的眼鼻之间，表示重视对方及对其发言感兴趣。当双方缄默不语时，就不要再看着对方，以免加剧因无话题本来就显得冷漠、不安的尴尬局面。当别人说了错话或显拘谨时，务必请马上转移视线，以免对方误认为是对其的嘲笑和讽刺。如果你希望在争辩中获胜，那就千万不要移开目光，直到对方眼神转移为止。送客时，要等客人走出一段路，不再回头张望时，才能转移目送客人的视线，以示尊重。

在谈判中也很讲究眼神的运用。一方让眼镜滑落到鼻尖上，眼睛从眼镜上面的缝隙中窥探，就是对对方鄙视和不敬的情感表露。一方在不停地转眼珠，就要提防其在打什么坏主意。双目生辉，炯炯有神，是心情愉快、充满信心的反映，在谈判中持这种眼神有助于取得对方的信任和合作。相反，双眉紧锁、目光无神或不敢正视对方，都会被对方认为无能，可能导致对自己的不利结果。

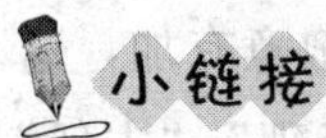

眼神与目光

眼神最能解释一个人的内心秘密。在人际交往中，眼神往往能最直接地把内心的

情绪传达出来，并把人深层心理通过目光的微妙变化反映出来。眼神的表现形式是多种多样的，代表着不同的含义。在社会交际中，恰当的眼神应该是：友善尊敬、清澈坦荡、真诚热情、炯炯有神。在与人说话时，不应东张西望，东瞄西看，否则会让人觉得你心不在焉；不应居高临下地侧视或斜视，否则会让人产生被瞧不起的感觉。

要根据不同语境，灵活运用目光来表达自己的感情。如在交际场合演讲，用目光与不同角度的听众进行沟通，时而用扫视全场的环视法，时而用凝视一方的点视法；讲到高兴时让眼神发出兴奋的光芒，讲到哀伤之处时眼皮低垂，让眼神停滞一会儿。

要把握视线接触的长度，即目光停留的时间。如与一个人交谈时，视线接触对方脸部的时间应占全部谈话时间的30%～60%，超过这一平均值者，可以认为对谈话者本人很感兴趣；低于此平均值者，可以认为对谈话者和谈话内容都不怎么感兴趣。

谈话时若对方是与你一般关系的同性，应不时与对方目光对视，以示尊重；若对方与你为关系亲密的同性朋友，则可较多地注视对方，以拉近彼此的心理距离；若对方是异性，双目连续对视不宜超过10秒钟，目不转睛地长时间注视是失礼的。

任务二　掌握一般的社交礼仪

(一) 称呼与致意

1. 称呼

称呼，也叫称谓，是当面招呼对方，以表明彼此关系的名称。称呼是给对方的第一印象，是交谈前的“敲门砖”。在社交过程中，礼貌得体的称呼表现出对他人的尊敬。称呼使用是否恰当，常常会决定你与客人的交往能否顺利成功。

(1) 通常的称呼。

①称呼姓名。一般的同事、同学关系，平辈的朋友、熟人，均可彼此之间以姓名相称。例如，“陈小二”“张大军”“刘燕”。长辈对晚辈也可以如此称呼，但晚辈对长辈却不可这样做。为了表示亲切，可以在被称呼者的姓名前分别加上“老”“大”“小”字相称，而免称其名。例如，对年长于己者。可称“老张”“大李”；对年幼与己者，可称“小吴”“小周”。但这种称呼多在职业人士间常见，不适合在校学生。对同性的朋友、熟人，若关系极为亲密，可以不称其姓，而直呼其名，如“春光”“英俊”。对于异性一般则不可这样做。因为若如此，那不是其家人，就是其配偶了。

②称呼职务。在工作中，以交往对象的职务相称，以示身份有别、敬意有加，这是一种最常见的称呼方法。具体做法上可以仅称呼职务，如“局长”“经理”“主任”等；可以在职务前加上姓氏，例如：“王总经理”“李市长”“张主任”等；还可以在职务之前加上姓名，这仅实用于极其正式的场合。例如：“×××主席”“×××省长”“×××书记”等。

③称呼职称。对于有职称者，尤其是有高级、中级职称者，可以在工作中直接以其职称相称。可以只称职称，例如：“教授”“研究员”“工程师”等；可以在职称前加上姓氏。例如“张教授”“王研究员”“刘工程师”，当然有时可以简化，如将“刘工程师”简化为“刘工”，但使用简称应以不发生误会、歧义为限；可以在职称前加上姓名，它适用于十分正式的场合。例如：“×××教授”“×××主任医师”“×××主任编辑”等。

④称呼学衔。在工作中，以学衔作为称呼，可提升被称呼者的权威性，有助于增强现场的学术氛围。可以在学衔前加上姓氏，例如“张博士”；可以在学衔前加上姓名，如“××博士”。一般对学士、硕士不称呼学衔。

⑤称呼职业。称呼职业，即直接以被称呼者的职业作为称呼。例如，将教员称为“老师”，将教练员称为“教练”或“指导”，将专业辩护人员称为“律师”，将财务人员称为“会计”，将医生称为“大夫”或“医生”等。一般情况下在此类称呼前，均可加上姓氏或姓名。

⑥称呼亲属。亲属，即本人直接或间接拥有血缘关系者。在日常生活中，对亲属的称呼已约定俗成，人所共知。面对外人，对亲属可根据不同情况采取谦称或敬称。对本人的亲属应采用谦称。称辈分或年龄高于自己的亲属，可以在其称呼前加“家”字，如“家父”“家叔”。称辈分或年龄低于自己的亲属，可在其称呼前加“舍”字，如“舍弟”“舍侄”。称自己的子女，则可在其称呼前加“小”，如“小儿”“小女”“小婿”。对他人的亲属，应采用敬称。对其长辈，宜在称呼前加“尊”字，如“尊母”“尊兄”。对其平辈或晚辈，宜在称呼之前加“贤”字，如“贤妹”“贤侄”。若在其亲疏的称呼前加“令”字，一般可不分辈分与长幼，如“令堂”“令爱”“令郎”。

小链接

几种称呼的正确使用

一、同志

志同道合者才称同志。如政治信仰、理想、爱好等相同者，都可称为同志。我国同志这个称呼流行于新中国成立后，这一词已成为我国大陆公民彼此之间最普通、常用的称呼。这一称呼不分男女、长幼、地位高低，除了亲属之外，所有人都可以称同志。今天，在改革开放之后，这一称谓的使用率相对减少，因此在使用同志一词时应有所区别。如在同一党内，同一组织内，对解放军和国内的普通公民，这一称呼皆可使用。但对于儿童，以及具有不同政治信仰、不同价值观、不同国家的人，尽量少使用或不使用。

二、老师

这一词原来是尊称传授文化、知识、技术的人，后泛指在某些方面值得学习的人。孔子曰："三人行，必有我师。"这说明，在古代"老师"这一称呼已泛指所有值得学习的人。现代社会，老师这一称谓一般用于学校中传授科学文化知识、技术的教师。目前，老师这一称谓在社会上也比较流行，有时人们出于对交际对象的学识、经验或某一方面的敬佩、尊重，常常以"姓＋老师"来称呼对方，尤其在文艺界比较常见，被使用这种称谓，交际的对方一般会感到受到了尊重，心情比较舒畅。

三、先生

在我国古代，一般称父兄、老师为先生，也有称郎中（医生）、道士等为先生的。有些地区还有已婚妇女对自己的丈夫或称别人家的丈夫为先生的，现在在我国南方某些地区仍这样使用。新中国成立后，"先生"一词则很少使用，有时只有对教师称为先生。改革开放以后，随着对外交流的增多，"先生"一词又流行起来，不过，其概念已与以前有所不同。目前，先生一词泛指所有的成年男子。在西方国家，对成年男子一般都称呼先生。不过也有例外，如在美国，12 岁以上的男子就可以称先生；在日本，对身份高的女子也称先生。在我国知识界，也喜欢对有学问的女子称先生。先生这一称谓大方得体，既显示了彼此的尊重，又有彼此平等之意，有利于提高交际效果。

四、师傅

这一词原意是指对工、商、戏剧行业中传授技艺的人的一种尊称，后泛指所有有技艺的人。到了 20 世纪五六十年代，师傅这一词在社会中比较流行，有虚心请教、尊敬对方之意。但师傅这一称呼大多用于非知识界的人士。师傅这一称呼一般不用于称呼有职称、有学位的人，否则可能会产生误解，有漠视之嫌。在现代交际中，采用师傅这一称谓已基本恢复其愿意，即称呼工、商、戏剧行业中传授技艺的人。

五、小姐

《现代汉语词典》中，"小姐"一词的解释为：旧社会官僚、地主和资产阶级家庭里仆人称主人家未出嫁的女儿及对未出嫁的女子的尊称。现代据考证，"小姐"作为一个称谓词语，已经有五六百年的历史。

(2) 称呼的技巧。

①初次见面更要注意称呼。初次与人见面或谈业务时，要称呼姓＋职务，要一字一字地说得特别清楚，比如："王总经理，你说得真对……"如果对方是个副总经理，可删去那个"副"字；但若对方是总经理，不要为了方便把"总"字去掉，而变为经理。

②称呼对方时不要一带而过。在交谈过程中，称呼对方时，要加重语气，称呼完了停顿一会儿，然后再谈要说的事，这样能引起对方的注意，他会认真地听下去。如

果你称呼得很轻又很快，有种一带而过的感觉，对方听着不会太顺耳，有时也听不清楚，就引不起听话的兴趣。相比之下，如果太不注意对方的姓名，而过分强调要谈的事情，那就会适得其反，对方就不会对你的事情感兴趣了。所以一定要把对方完整的称呼很认真、很清楚、很缓慢地讲出来，以显示对对方的尊重。

③关系越熟越要注意称呼。与对方十分熟悉之后，千万不要因此而忽略了对对方的称呼，一定要坚持称呼对方的姓＋职务（职称），尤其是有其他人在场的情况下。人人都需要被人尊重，越是朋友，越是要彼此尊重，如果熟了就变得随随便便，“老王”“老李”甚至用一声“唉”“喂”来称呼了，这样极不礼貌，是令对方难以接受的。

2. 致意

致意是随着现代生活节奏的加快而必然流行的一种在日常人际交往中使用频率最高的礼节，可以称做打“袖珍招呼”，指施礼者向受礼者用嫣然微笑、点头微笑，眨眼微笑、挥手微笑等方式向受礼者表达友好与尊重。它没有十分严格的模式与要求，但功效却是不可忽视的。

一般来说，在社交场合，男性应当首先向女性致意；年轻女性应当首先向年长男性致意；下级应当首先向上级致意。当然，实际交往中绝不能拘泥于以上的顺序原则。长者、上级为了倡导礼仪规范，为了展示自己谦虚、随和，主动向晚辈、下级致意，无疑会更具影响力和风度，更能引起受礼者的敬仰与尊重。

在施礼者用非语言符号致意的同时，最好伴之以“你好!”“早上好!”等简洁的问候语，这样会使致意显得生动、更具活力。受礼者应当用相同的非语言符号和语言以示答礼和谢意。

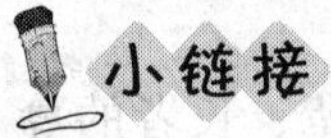

致意的由来

从礼源上看，挥手致意与军人举手敬礼的动作同出一源。在欧洲的中世纪，骑士们常常在王公大臣、公主、贵妇面前比武扬威，在高唱赞歌经过公主的坐席时，要同时举手齐眉做“遮住阳光”的动作，意思是把公主比做光芒四射的太阳。后来，这个动作成了军人接受检阅、遇见长官时的礼节。今天，政府官员下飞机，出席典礼时的挥手致意，常人在见面送别时的举手、挥帽等动作也是这种动作的变体。

（二）自我介绍与介绍他人

介绍是在日常生活和社交场合经常使用的，从中沟通、使双方建立关系的一种礼节。通过介绍，可以缩短人们之间的距离，使隔阂感逐渐被亲近感所取代，以便更好地交谈、沟通和了解；还可以帮助人们扩大社交圈，结识新朋友，为以后相互合作奠定基础。

介绍有各种各样的形式。如果按社交场合分，有正式介绍和非正式介绍；如果按被介绍者的人数来分，有集体介绍和个别介绍；如果按介绍者来分，有自我介绍、他人介绍和介绍他人。此外，如果从介绍的性质和目的来划分，还可以分为商业性介绍、社交性介绍和家庭成员介绍等形式。

1. 自我介绍

在社交场合，自我介绍是最常有的事。成功的自我介绍会给人留下主动、热情、大方的印象，为今后进一步交往创造一个良好的开端。自我介绍时，应该注意做到：

(1) 措辞坦然、直率，简繁恰当。自我介绍时，要及时、清楚地报出自己的姓名和身份。大方自然地进行自我介绍，可以先面带微笑，温和地看着对方说声："您好!"以引起对方的注意，然后报出自己的姓名身份，并简要表明结识对方的愿望或缘由。进行自我介绍一定要力求简洁，尽可能地节省时间，一般以半分钟为佳。

(2) 举止庄重、大方，充满自信。自信的人能使人产生信赖和好感。按照传统习惯，作介绍时可将右手放在自己的左胸上，不要慌慌张张，手足无措，不要用大拇指指着自己。切忌在自我介绍中躲躲闪闪，唯唯诺诺，似乎怕别人摸了自己的底而小看自己。或者吞吞吐吐，模棱两可，不能给别人一种清晰的概念和印象。

2. 介绍他人

为他人作介绍时必须遵守"尊者优先了解情况"的规则，在为他人作介绍前，先要确定双方地位的尊卑，然后先介绍位卑者，后介绍位尊者。具体如下：

(1) 先将男士介绍给女士。例如，介绍王先生与李小姐认识，介绍人应当引导王先生到李小姐面前，然后说："李小姐，我来给你介绍一下，这位是王先生。"注意在介绍的过程中，被介绍者的名字总是后提。

(2) 先将年轻者介绍给年长者。把年轻者引见给年长者，以示对前辈、长者的尊敬。如"王教授，让我来介绍一下，这位是我的同学小明"；"张阿姨，这是我的表妹小丽"；"刘伯伯，我请您认识一下我的表弟小强"。在介绍中应注意有时虽然男士年龄较大，但仍然是先将男士介绍给女士。

(3) 先将未婚女子介绍给已婚女子。如"张太太，让我来介绍一下，这位是李小姐"。注意当被介绍者，无法辨别其是已婚还是未婚时，则不存在先介绍谁的问题，可随意介绍，如"张女士，我可以把我的女朋友李小姐介绍给你吗"。

(4) 先将职位低的介绍给职位高的。在实业界或公司中，在商务场合要先将职位低的介绍给职位高的。如："王总，这位是××公司的总经理助理刘女士。"注意这里我们先提到的是王总经理，这是因为我们把王总经理的职位看做高于刘女士，尽管王总经理是一位男士，仍不先介绍他。

(5) 先将家庭成员介绍给对方。在向别人介绍自己的家庭成员时，应谦虚地说出对方的名字。这不仅是出于礼貌，而且对介绍自己的家庭成员也比较方便。如"张先生，我想请你认识一下我的女儿晓芳”；“张先生，请允许我介绍一下我的妻子”。

（6）集体介绍时的顺序。在被介绍者双方地位、身份大致相似，或者难以确定时，应当使人数较少的一方礼让人数较多的一方，一个人礼让多数人，先介绍人数较少的一方或个人，后介绍人数较多的一方或多数人。

若被介绍者在地位、身份之间存在明显差异，特别是当这些差异表现为年龄、性别、婚否、师生以及职务有别时，则地位、身份为尊的一方即使人数较少，甚至仅为一人，仍然应被置于尊贵的位置，最后加以介绍，而先介绍另一方人员。若需要介绍的一方人数不止一人，可采取笼统的方法进行介绍，例如可以说“这是我的家人”，“他们都是我的同事”等。但最好还是要对其一一进行介绍。进行此种介绍时，可比照他人介绍时按位次尊卑顺序进行介绍。

若被介绍双方皆不止一人，则可依照礼规，先介绍位卑的一方，后介绍位尊的一方。在介绍各方人员时，均需由尊到卑，依次进行。

3. 他人介绍

（1）他人介绍的时机。他人介绍即社交中的第三者介绍。在他人介绍中，为他人作介绍的人一般为社交活动中的东道主、社交场合中的长者、家庭中聚会的女主人、公务交往活动中的公关人员（礼宾人员、文秘人员、接待人员）等。他人介绍的时机包括：

①在家中接待彼此不相识的客人。

②在办公地点，接待彼此不相识的来访者。

③与家人外出，路遇家人不相识的同事或朋友。

④陪同亲友，前去拜会亲友不相识者。

⑤本人的接待对象遇见了其不相识的人士，而对方又跟自己打了招呼。

⑥陪同上司、长者、来宾时，遇见了其不相识者，而对方又跟自己打了招呼。

⑦打算推介某人加入某一交际圈。

⑧收到为他人作介绍的邀请。

（2）他人介绍的注意事项。

①在为他人作介绍时，介绍者对介绍的内容应当字斟句酌，慎之又慎。

②在正式场合，内容以双方的姓名、单位、职务等为主。如“我来给两位介绍一下。这位是A公司的公关部主任李芳女士，这位是B公司的总经理汪洋先生”。

③在一般的社交场合，其内容往往只有双方姓名一项，甚至可以只提到双方姓氏为止。接下来，则由被介绍者见机行事。如“我来介绍一下，这位是老张，这位是小王，你们认识一下吧”。

④在比较正规的场合，介绍者有备而来，有意将某人举荐给某人，因此在内容方面，通常会对前者的优点加以重点介绍。如“这位是李明先生，这位是我们公司的林

楠总经理。李先生是一位管理方面的专业人士，他还是北大的MBA。林总我想您一定很想认识他吧”。

⑤在进行他人介绍时，介绍者与被介绍者都要注意自己的表达、态度与反应。介绍者为被介绍者介绍之前，不仅要尽量征求一下被介绍双方的意见，而且在开始介绍时还应再打一下招呼，切勿上去开口即讲，显得突如其来，让被介绍者措手不及。

⑥被介绍者在介绍者询问自己是否有意认识某人时，一般不应加以拒绝或扭扭捏捏，而应欣然表示接受。实在不愿意时，则应说明原由。

⑦当介绍者走上前来，开始为被介绍者进行介绍时，被介绍的双方应起身站立，面带微笑，大大方方地注视介绍者或者对方，神态庄重、专注。

⑧当介绍者介绍完毕后，被介绍双方应依照合乎礼仪的顺序进行握手，并且彼此问候对方。此时的常用语有：“你好”“很高兴认识你”“久仰大名”“认识你非常荣幸”“幸会，幸会”等。必要时还可作进一步的自我介绍。介绍时要注意实事求是，掌握分寸，不能胡吹乱捧。

⑨介绍姓名时，一定要口齿清楚，发音准确。把易混的字咬准，如“王”和“黄”“刘”和“牛”等；对同音字、近音字必要时要加以解释，如“邹”和“周”，“张”和“章”，“徐”和“许”等。

（三）传递名片

名片是交际场合个人身份的介绍信，是使用最普遍、用量最大的一种礼柬，是现代社会中必不可少的社交工具。两人初次见面，先互通姓名。再奉上名片，单位、姓名、职务、电话等历历在目，既回答了一些对方心中想问而有时又不便贸然出口的问题，又使相互之间的距离一下子接近了许多，在交往中，熟悉和掌握名片的有关礼仪是十分重要的。

1. 名片的用途

对现代人来讲，名片是一种物有所值的实用型交际工具，其用途是多方面的。

（1）介绍自身。名片最主要的用途是介绍自身。会客交友，取出一张名片，自己的基本情况跃然纸上，让他人一目了然。它在介绍中的好处是简明扼要，介绍方便。在当着一两个人私人口头作自我介绍时，总是很简短，几乎就是姓名、单位。有时候职务都不便开口说出，因为介绍自己的一官半职总有自我炫耀之嫌，当身兼数职时更不好一一说明，但有了名片，一切都写得清清楚楚，不用为难和啰唆，他人就能较多地了解你。

（2）维持联系。名片犹如“袖珍通信录”，利用它所提供的资料，即可与名片的提供者保持联系。正因为有了名片上所提供的各种联络方式，人们的“常来常往”才变得更加现实和方便。

（3）显示个性。通过名片展示个性，获得他人对自我多方面和多层次的了解。可以在名片上印上代表自己个性的爱好和特点，如“酷爱足球，性喜笔耕，嗜辣如命，钟情绿色，崇尚真诚”，这样的名片很快就让别人读懂了自己，也赢得了友善。也有的人在名片上印上自己的座右铭或喜爱的格言及与对方相识的真诚的话语等，如“一握你的手，永远是朋友”“不握你的手，照样是朋友”这样的名片很容易给对方留下好感，加深交往。

(4) 拜会他人。初次前往他人居所或工作单位进行拜会时，可将本人名片交由对方门卫、秘书或家人，转交给被拜访者，以便对方确认“来系何人”，并决定见与不见。这种做法比较正规，可以避免冒昧造访。

此外，名片在交往中有多种用途，如馈赠附名、代替请柬、喜庆告友、祝贺升迁等。

2. 名片的交换

要使名片在人际交往中正常地发挥作用，还须在交换名片时做得得法。遇到以下几种情况时需与对方交换名片：一是希望认识对方时；二是被介绍给对方时；三是对方提议交换名片时；四是对方向自己索要名片时；五是初次登门拜访对方时；六是通知对方自己的情况变更时；七是打算获得对方的名片时。

(1) 递交名片。名片的持有者在递交名片时动作要洒脱、大方，态度从容、自然，表情要亲切、谦恭。应当事先将名片放在身上易于掏出的位置，取出名片便先郑重地握在手里，然后再在适当的时机得体地交给对方。

递交名片的正确姿势是：要双手递过去，以示尊重对方。将名片放置手掌中，用拇指夹住名片，其余四指托住名片反面，名片的文字要正向对方，以便对方观看；若对方是外宾，则最好将名片上印有对方认得的文字的那一面面对对方，同时讲些“请多联系”“请多关照”“我们认识一下吧”“有事可以找我”之类友好客气的话。

递交名片的时间，应当根据具体情况而定。如果名片持有者与人事先有约，一般可在告辞时再递上名片。如果双方只是偶然相遇，则可在相互问候，得知对方有与你交往的意向时，再递交名片。

与多人交换名片时，要注意讲究先后次序，或由近而远，或由尊而卑。一定要依次进行，切勿采取“跳跃式”，当然也没有必要散发传单似的，站在人流拥挤处随意滥发名片。

(2) 接受名片。接受他人名片时，应恭恭敬敬，双手捧接，并道感谢。接受名片者应当首先认真地看看名片上所显示的内容，必要时可以从上到下，从正面到反面重复看一遍，必要时可把名片上的姓名、职务（较重要或较高的职务）读出声来，如“您就是张总啊”。以表示对赠送名片者的尊重，同时也加深了对名片的印象。然后把名片细心地放进名片夹或笔记本、工作证里夹好。

在别人给了名片后，如有不认识或读不准的字要虚心请教。请教他人的姓名，丝

毫不会降低你的身份，反而会使人觉得你是一个对待事情很认真的人，增加对你的信任。

接受名片时应避免以下情况：马马虎虎地用眼睛瞄一下，然后顺手不经意地塞进衣袋；随意往裤子口袋里一塞、往桌上一扔；名片上压东西、滴上了菜汤油渍；离开时把名片忘在桌子上。名片是一个人人格的象征，这些行为是对其人格的不尊重，这些都会使人感到不快。

当然在收到了别人的名片后，也要记住给别人自己的名片，因为只收别人的名片，而不拿出自己的名片，是无礼拒绝的意思。

(3) 索取名片。如果没有必要最好不要强索他人名片。若索取他人名片，则不宜直言相告，而应委婉表达此层意思：可向对方提议交换名片、主动递上本人的名片；询问对方“今后如何向您指教?”（向尊长者索要名片时多用此法）；“以后怎么与您联系?”。

反过来，当他人向自己索取名片时，自己不想给对方时，不宜直截了当，也应以委婉方式表达此意。可以说“对不起，我忘带名片了”，或“抱歉，我的名片用完了”。

3. 名片的存放

(1) 名片的放置。在参加交际活动之前，要提前准备好名片，并进行必要的检查。随身所带的名片最好放在专用的名片夹里，也可放在上衣口袋里。不要把名片放在裤袋、裙兜、提包、钱包等里，那样既不正式，又显得杂乱无章。在自己的公文包以及办公桌抽屉里，也应经常备有名片，以便随时使用。在交际场合，如感到要用名片，则应将其预备好，不要在使用时再去瞎翻乱找。

参加交际活动后，应立即对所收到的他人名片加以整理收藏，以便今后利用方便。不要将它随意夹在书刊、材料，压在玻璃板底下，或是扔在抽屉里面。存放名片的方法上大体有 4 种，他们还可以交叉使用。

①按姓名的外文字母或汉语拼音字母顺序分类。

②按姓名的汉字笔画的多少分类。

③按专业或部门分类。

④按国别或地区分类。

若收藏的名片太多，还可以编一个索引，那么用起来就更方便了。

名片的禁忌

一忌炫耀：有些人的名片上印有无数职衔，连早已卸任的资料也列举出来，我们经常见到一些大企业集团的老总，他们名片上的文字都是很简单的。

二忌过大：有些名片的面积过大，收到的人难以把它存于名片夹或者名片盒中。

三忌过小：有些唯美派的名片设计，上面的字过小，看起来很费劲。

四忌香味：因为收名片者可能会对香味抗拒或者敏感，因此不宜采用。

(2) 名片的利用。随着人际交往的不断深入，还可在收藏的他人名片上随手记下可供本人参考的资料，使其充当社交的记事薄。在收藏的他人名片上可记的有利于人际交往的资料有：

①收到名片时的具体情况，包括收到名片的地点、时间，以及是否与对方亲自交换等。在国外有一种做法，即把名片的右上角向下折，然后再使其恢复原状，它表示该名片是对方亲自与自己交换的。

②交换名片者个人的资料。例如，性别、年龄、籍贯、学历、专长、嗜好等。这既可备忘，也可充作资料。

③交换名片者在交换名片后变化的情况，例如，单位、部门的变化，职业的变动调任，职务、学衔的升降，联络方式的改变等。

(四) 握手

握手礼仪是在社交活动中使用频率最高、适用范围最广的一种礼节。人们在见面时、分别时、问候时、祝贺时以及表示友好、和解时常常会使用握手礼。但是，握手礼并非全球通用的礼节。在某些国家，握手仅限于特定的场合和范围。如在美国，一般只有在被第三者介绍时两人才握手。

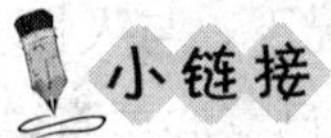

海伦·凯勒关于握手的描述

美国著名盲人女作家海伦·凯勒曾以自己独特的感受描写与人握手的经验，她说：“我接触过的手，虽然无言，却极有表现力。有的人握手能拒人千里，我握着冰冰的手指，就像和凛冽的北风握手一样。而有些人的手却充满阳光，他们握住你的手，使你感到温暖。”

1. 握手的次序

根据礼仪规范，握手时双方伸手的先后次序，一般应当遵守“尊者先伸手”的原则，应由尊者首先伸出手来，位卑者只能在此后予以响应，而绝不可贸然抢先伸手，不然就是违反礼仪的举动。其基本规则如下：

(1) 男女之间握手。男女之间握手，男士要等女士先伸出手后才握手。如果女士不伸手或无握手之意，男士向对方点头致意或微微鞠躬致意。男女初次见面，女方可以不和男士握手，只是点头致意即可。男女握手时，男士要脱帽和脱右手手套，如果偶遇匆匆忙忙来不及脱，要道歉。女士除非对长辈，一般可不必脱手套。

(2) 顾客之间握手。顾客之间握手，主人有向客人先伸出手的义务。在宴会、宾馆或机场接待顾客，当客人抵达时，不论对方是男士还是女士，女主人都应该主动先伸出手。男士因是主人，尽管对方是女宾，也可先伸出手，以表示对客人的热情欢迎。而在客人告辞时，则应由客人首先伸出手来与主人相握，在此表示的是“再见”之意。

(3) 长幼之间握手。长幼之间握手，年幼的一般要等年长的先伸手。和长辈及年长的人握手，不论男女，都要起立趋前握手，并要脱下手套，以示尊敬。

(4) 上下级之间握手。上下级之间握手，下级要等上级先伸出手。但涉及主宾关系时，可不考虑上下级关系，做主人的应先伸手。

(5) 一个人与多人握手。若是一个人需要与多人握手，则握手时也应讲究先后次序，由尊而卑，即先年长者后年幼者，先长辈后晚辈，先老师后学生，先女士后男士，先已婚者后未婚者，先上级后下级，先职位、身份高者后职位、身份低者。

值得注意的是：在公务场合，握手时伸手的先后次序主要取决于职位、身份。而在社交、休闲场合，它则主要取决于年龄、性别、婚否。

2. 握手的方式

握手的标准方式，是行礼时行至距握手对象约 1 米处，双腿立正，上身略向前倾，伸出右手，四指并拢，拇指张开与对方相握。握手时应用力适度，上下稍许晃动三四次，随后松开手来，恢复原状。具体地应注意如下几点：

(1) 神态。与人握手时神态应专注，热情、友好、自然。在通常情况下，与人握手时，应面带微笑，目视对方双眼，并且口道问候。在握手时切勿显得自己三心二意，敷衍了事，漫不经心，傲慢冷淡。如果在此时迟迟不握他人早已伸出的手，或是一边握手，一边东张西望，目中无人，甚至忙于跟其他人打招呼，都是极不应该的。

(2) 力度。握手时用力应适度，不轻不重，恰到好处。如果手指轻轻一碰，刚刚触及就离开，或是懒散、慢慢地相握，缺少应有的力度，会给人勉强应付、不得已而为之之感。一般来说，手握得紧是表示热情，男人之间可以握的较紧，甚至另一只手也加上，包括对方的手大幅度上下摆动，或者在手相握时，左手又握住对方胳膊肘、小臂甚至肩膀，以表示热烈。但是注意既不能握得太使劲，使人感到疼痛，也不能显得过于柔弱，不像个男子汉。对女性或陌生人，轻握是很不礼貌的，尤其是男性与女性握手应热情、大方、用力适度。

(3) 时间。通常是握紧后打过招呼即松开。但如亲密朋友意外相遇，敬慕已久而初次见面，至爱亲朋依依惜别，衷心感谢难以表达等场合，握手时间就长一点，甚至紧握不放，话语不休。在公共场合，如列队迎接外宾，握手的时间一般较短。握手的时间应根据与对方的亲密程度而定。

3. 握手的禁忌

在人际交往中，握手虽然司空见惯，看似寻常，但是由于它可被用来传递多种信息，因此在行握手礼时应努力做到合乎规范，并且注意下述几点：

①不要用左手与他人握手，尤其是在与阿拉伯人、印度人打交道时要牢记此点，因为在他们看来左手是不洁的。

②不要在握手时争先恐后，而应当遵守秩序，依次而行。特别要记住，与基督教信徒交往时，要避免两人握手时与另外两人相握的手形成交叉状，这类似十字架，在基督教信徒眼中是很不吉利的。

③不要戴着手套握手，在社交场合女士的晚礼服手套除外。

④不要在握手时戴着墨镜，只有患有眼疾或眼部有缺陷者才能例外。

⑤不要在握手时将另外一只手插在衣袋里。

⑥不要在握手时另外一只手依旧拿着香烟、报刊、公文包、行李等东西而不肯放下。

⑦不要在握手时面无表情，不置一词，好似根本无视对方的存在，而纯粹是为了应付。

⑧不要在握手时长篇大论，点头哈腰，滥用热情，显得过分客套，让对方不自在、不舒服。

⑨不要在握手时把对方的手拉过来、推过去，或者上下左右抖个没完。

⑩不要在与人握手之后立即揩拭自己的手掌，好像与对方握一下手就会使自己受到疾病传染似的。

其他见面礼节

一、鞠躬礼

(1) 鞠躬的深度视受礼对象和场合而定。一般问候、打招呼时施15度左右的鞠躬礼，迎客与送客分别行30度与45度的鞠躬礼，90度的大鞠躬常用于悔过、谢罪等特殊情况。

(2) 行鞠躬礼必须脱帽。用右手握住帽前檐中央将帽取下，左手下垂行礼，用立正姿势。男士在鞠躬时，双手放在裤线稍前的地方，女士则将双手在身前下端轻轻搭在一起。注意头和颈部要梗住，以腰为轴上体前倾，视线随着鞠躬自然下垂，礼后起身迅速还原。敬礼时要面带微笑，施礼后如欲与对方谈话，脱下的帽子不用戴上。

(3) 受礼者应以鞠躬礼还礼，若是长辈、女士和上级，还礼可以不鞠躬，而用欠身、点头、微笑示意以示还礼。

二、拥抱礼

拥抱礼的标准做法是：两人正面对立，各自举起右臂，将右手搭在对方的左臂后面；左臂下垂，左手扶住对方的右后腰。首先向左侧拥抱，然后向右侧拥抱，最后再次向左侧拥抱，礼毕。拥抱时，还可以用右手掌拍打对方左臂的后侧，以示亲热。

三、拱手礼

指两手抱拳致意。施礼时，一般以左手包握在右拳上，双臂屈肘拱手至胸前，自上而下，或自内而外有节奏地晃动两三下。

四、合十礼

合十礼又称合掌礼，即把两个手掌在胸前对合，掌尖和鼻尖齐高，手掌向外倾斜，头略低，兼含敬意和谢意双重意义。合十礼通行于南亚与东南亚信奉佛教的国家。

五、吻手礼

吻手礼是流行于欧美上层社会的一种礼节，起源于中世纪的欧洲。在社交场合中，同上层社会的贵族妇女见面时，如果女方先伸出手作下垂式，男方则可将其指尖轻轻提起吻之；若女方不伸手表示，不可行吻手礼。

六、举手礼

这是世界各国军人见面时的专用礼节，起源于中世纪的欧洲。行举手礼时，要举右手，手指伸直并齐，指尖接触帽檐右侧，手掌微向外，右上臂与肩齐高，双目注视对方，待受礼者答礼后方可将手放下。

七、点头礼

这是同级或平辈间的礼节，如在路上行走时相遇，可以在行进中点头示意。若在路上遇见上级或长者，必须立正行鞠躬礼。但上级对部下或长者对晚辈的答礼，可以在行进中进行，或伸右手示意。

(五) 使用礼貌用语

日常礼貌用语根据表达的语义，主要分为七类：问候语、请托语、致谢语、道歉语、告别语。在交谈中多使用礼貌用语，是博得他人好感与体谅的最为简单易行的做法。

旅游工作者口头语言礼仪的基本要求如下：

(1) 善于使用谦辞、敬语。

①谦辞用在对自己的称呼表达中。

②敬语用在对别人的称呼表达中。

③恰当地运用常用的礼仪客套话。

(2) 恰当地称呼客人。

①要区别称呼对象。首先是男女老幼有别，性别、年龄不同称呼自然各异；其次

是亲疏、尊卑有异。

②称呼要区分场合。不同的场合，人们之间的相对关系不一样，称呼自然有别。

③要注意对方的身份和文化背景，顾及其地位、国别等。

④注意尊重不同民族、不同国家的称呼习惯。

(3) 掌握说话的分寸。

①要明确个人在说话的场合中的身份，说好自己分内的话，体现自己的身份。

②要考虑措辞，力求准确、恰当，委婉、平和，避免带伤害、刺激、激怒、挑衅的语言。

③注意说话立场客观公正，态度温和，与人为善，尽量善意表达。

(4) 尽量做到谈吐文雅得体。语言表达时举止要端正，行为合乎职业规范。要真诚和善，多用文雅的语言，要特别注意避免口头禅。

(5) 把握好说话的语气语调。语音要求清晰标准、明亮动听；语调要求柔和，音量适中，注意抑扬顿挫的变化；语气要求热情且温婉，多用询问语气，少用、慎用祈使命令语气；语速要求用中速，快慢有致，避免过快或过慢。

(6) 力争语言幽默、诙谐。幽默、诙谐能使我们旅游工作者的语言锦上添花，要力求发挥个人的聪明才智，巧妙地运用语言技巧，给人以机智、幽默、诙谐的愉悦感受。

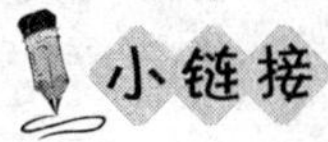

口头语言的语言表达艺术

语言礼仪是通过优化语言表达的艺术化手法来提高表达效果的。它的具体方式方法因人、因事、因时、因地而异，一般说来，主要表达有幽默法、委婉法、模糊法和暗示法。这也是旅游礼仪修养的外在表现。

一、幽默法

幽默是以一种愉悦的方式让别人获得精神上的愉悦，从而祛除忧虑、愁闷。幽默与讽刺、否定性滑稽不同的是它所持的态度是温和与宽容的。

1. 自我调侃法

自我调侃法是以反常的方式、态度来嘲弄、评说自己的长短。

①用夸张、嘲弄的方式自我揭短。自我调侃法的妙处在于把对自己的珍爱和对自己的贬抑结合起来，以主动贬抑来体现自己心灵的纯净和豁达。

②以反语、幽默来嘲弄自己的长处。

2. 荒诞逻辑法

看似荒诞，又好像合乎逻辑，看似逻辑，实则荒诞。

(1) 反常思维法。就是借助片面的、偶然的因素，违反常规地进行推理，看似荒诞不经，却又有着荒诞的逻辑性，出其不意，内含幽默的智慧，常收到奇特的效果。

(2) 歪打正着法。就是使歪因和正果之间有一种貌似紧密的联系。

3. 一语双关法

一语双关法就是利用一个词的语音或语义同时关联两种不同的意义并进行曲解的方法。

二、委婉法

委婉法就是通过婉转曲折的措辞把原本可能令人不悦或比较粗俗的事情比较得体、文雅、巧妙地表达出来。

三、模糊法

模糊法是语言表达的需要，也是语言的基本特征之一。语言中的词有相当部分是模糊词。例如，汉语中的概数词：上下、多少、左右等，副词：马上、永远、曾经、最、非常、略微等，时间名词：黄昏、拂晓、现在、过去等，都是模糊词。

模糊表达法，大致有宽泛式、回避式和选择式三种。

1. 宽泛式模糊法

宽泛式模糊法是用含义宽泛、富有弹性的语言传递主要信息的方法。

2. 回避式模糊法

回避式模糊法是根据某种场合的需要，巧妙地避开确指性内容的方法。

3. 选择式模糊法

选择式模糊法是根据不同的目的，用具有选择性的语言来表达的方法。

四、暗示法

暗示法是通过语言、语音色彩和表情、手势等身体动作以及视觉、声响等表达方式把自己的意向或不便言明的意思传达给对方，以引起相应的反应。方法视具体情况而定，灵活而不要引起对方的反感，常用的有点化式、引发式和象征式三种。

(六) 常用的礼貌用语

1. 问候语

在楼道上或电梯中，当你遇见一位熟人或不相识的人时，都可以问候一声“您好”，若是比较熟的人则还可以适当寒暄几句，“今天天气真好”“你气色不错”。这类问候语，一般不强调具体内容，只表示一种礼貌。而面对熟人视而不见，就是不礼貌的行为。比较通用的问候语有“您好”“您早”“早上好”“上午好”“中午好”“晚上好”等。我国常用的见面问候语还有：“你吃饭了吗?”（吃了，你呢），“你到哪去?”（随便走走），“最近忙什么?”（没忙什么）等。与外国人碰面时，就应顾及他们的习惯。“你吃饭了吗?”对方会误以为你要请他吃饭。所以一般会说“你最近如何?”“一切都还顺利吗?”“最近休假去了吗?”对新结识的人常问“你这是第一次来我国吗?”

“你喜欢这里的气候吗?”“还习惯吗?”。

2. 请托语

生活在社会中的人谁能不求托于人呢？请托语正是适应了这一需要而出现的。我国常用的是“请”“有劳您”“劳驾”“拜托”等。英国国家一般是“对不起”，日本则是“请多关照”“拜托您了”。一般来说，向人提出请求时，“请”字当先而且应语气诚恳，不要低声下气，更不要居高临下，因为这是你在提出要求，对方并没有义务非得按你说的去做。即使是请人一起吃饭，也应说：“请你和我共进晚餐好吗?”尤其是请女性朋友或外国朋友时，不能摆出一副施恩于人的态度。向别人提出比较重大的请求时，要注意把握恰当的时机。比如，当对方正遭遇到一场重大变故，心情忧郁时，你就不应前去打扰，请他帮你做什么事。当别人拒绝你的请求时，应予以理解，并且为对方所作出的努力表示谢意。

3. 致谢语

“谢谢”“谢了”“非常感谢”“十分感谢”是常用的谢语。具有中国特色的致谢语还有“有劳你了”“难为你了”“劳您费心了”等。在面对以下情况时，向人致谢是必要的：当别人为你端上一杯茶时；如果有人邀请你一起进餐时；当有人热情为你让座时；当有人为你捡起你掉下来的东西时；当有人送给你礼物时。

总之，也就是在别人为你提供了服务时。有时，别人想给你帮助而未能帮上忙，比如，你向别人问路，对方不知道，说不上来，你也要谢谢他。在美国，你向房东交付房租，房东把租金收下了，你若不说声“谢谢”，则是有失礼节的。在发言或发表演讲结束的时候，习惯说一句“谢谢你们”，意为谢谢大家耐心地倾听他的发言或演讲。致谢时，要真诚，不论是自上对下，还是自下对上或平行的致谢。周恩来总理在工作人员为他端上一杯茶时，尽可能起身相接，并说声：“谢谢!”对此，总理身边的工作人员深有感触。

4. 告别语

“再见”是一句道别的礼貌语，在交谈结束，与人作别之际，道上一句“再见”，可以表达惜别之意与恭敬之心。另外，常用的告别语还有“请慢走”“您走好”等。

5. 道歉语

在日常生活和交际中，有时我们会因为某种原因而打扰别人，影响别人，或是给别人带来某种不便，甚至会给别人造成某种损失或伤害，此时我们应及时表示道歉，如无意中碰撞别人，在公交车上踩了别人的脚；自己失陪、失礼、失约或失守；因有事或要与另外的人说几句而中止与别人的交谈；未能办好别人托付的事时，我们都应向人道歉说“对不起”。在西方，你在别人家里损坏了一件比较贵重的物品，除当面说“非常抱歉”外，事后还应当寄一封致歉的短信，甚至附上补偿的物品。通常使用表达不安、歉意、遗憾的道歉语有“对不起”“请原谅”“很抱歉”“打扰了”等。也还有其他各种各样的形式，如丘吉尔起初对杜鲁门的印象很坏，但后来他告诉杜鲁门说以前低估了他，这是以赞美的方式表示歉意。道歉并非耻辱，可使大事化小小事化了。甚至化干戈为玉帛。从另外一方面说，例如有人得罪了你，而对方没有道歉，那么你最好冷静些，不必闷闷不乐，耿耿于怀，甚至怒目而对，因为这也是你表现自我的一个机会，也许对方正在为如何道歉而犯愁或正因为没有道歉而觉得内疚。

6. 征询语

征询语是向客人了解需要和想法的语言。常用的征询语有三种类型：

①主动式。适用于主动向客人提供服务时。如“您需要什么?”“我能为您做点儿什么吗?”。

②封闭式。多用来询问客人的意见，一般提供一种选择方案，以便对方及时决定是否采纳。如“您觉得这种形式可以吗?”“您要不先试试?”“您不介意我来帮帮您吧?”。

③开放式。开放式是提供选择的征询，提出多种方案，让对方有多种选择的余地，能够显示对对方的尊重和体贴。如“您是喜欢浅色的还是深色的?”“您是想住单人间还是双人间?”“您打算预定豪华包间、雅座还是散座?”“这里有……您愿意要哪一种?”。

7. 应答语

①肯定式。用来答复客人的请求。常用的有“好”“好的”“是的”“一定照办”“很高兴能为您服务”“我一定尽力满足您的要求”等。对于客人的请求要注意迅速及时地回复。

②谦恭式。用来回复客人的认同、满意、欣赏、赞扬、感谢。常用的有：“请不必客气”“这是我们应该做的”“您过奖了”“谢谢您的夸奖，我一定更加努力”“您能够满意，这是我的荣幸”等。

③谅解式。用于回应客人因故对自己表达歉意。常用的有“没关系”“不要紧”“您不必放在心上”等。

8. 赞赏语

赞赏语适用于称道或肯定他人时，运用恰当，常常能够改善关系、融洽感情，促进进一步交往。要注意恰到好处。

①回应式。用于回应客人的表扬、赞赏，常用的有“哪里，我做得还很不够”“承蒙您的夸奖，真是不敢当”“得到您的夸奖，我真开心”“您把我说得太好了，谢谢您”等。

②认可式。用于回应客人的意见、建议或见解，常用的如“是的”“对的”“您的观点非常正确”“您真是行家”“您真不愧是这方面的专家”等。

③评价式。用于对客人予以正面评价，如“您真好”、“太好了”、“太棒了”、“您真有眼光”、“您真是高品位”等。

9. 祝贺语

祝贺语常用来表达对对方的善良、美好的心愿，常用的主要有应酬式和节庆式两种。

①应酬式。如“祝您健康快乐”“祝您万事如意”“祝您一帆风顺”“祝您马到成功”“祝您心想事成”“祝您吉星高照”“恭喜您”“祝贺您”“真替您高兴”等。应酬式祝贺语的使用要注意切合情境，适合对方当时的情绪情形。

②节庆式。常用的有“节日快乐”“生日快乐”“新婚快乐”“新年好”“恭喜发财”“祝您开张大吉”“祝您福如东海，寿比南山”等。

10. 推脱语

推脱语适用于无法满足对方的要求或暂时不能马上满足对方要求的情况，用推脱的形式来拒绝，要注意语言得体、语气委婉、态度友好。常用的方式有：

①道歉式。如“真的很抱歉，我们条件还不够完善”“实在对不起，我们能力有限”。

②转移式。如“对不起，您需要点别的吗?”“我们这里最著名（最好）的是……您要不要试试?”“这个与您要的看上去差不多，您看看行吗?”

③解释式。如“公司有明文规定，很抱歉，我无能为力”“请原谅，我们有规定，不能满足您的要求”。

11. 致歉语

常用的有“对不起”“抱歉”“打扰了”“不好意思”“请原谅”“失礼了”“失陪了”“失言了”“失敬了”“有失远迎”“真对不起”“很对不起”“请多多包涵”“非常过意不去”等。

礼貌用语的妙用

初次见面说“久仰”，看望别人说“拜访”，请人勿送用“留步”，对方来信叫“惠书”，请人帮忙说“劳驾”，求给方便说“借光”，请人指导说“请教”，请人指点说“赐教”，赞人见解用“高见”，归还物品叫“奉还”，欢迎购买叫“光顾”，客人到来用“光临”，中途先走用“失陪”，赠送作品用“斧正”，等候客人用“恭候”，求人原谅说“包涵”，麻烦别人说“打扰”，好久不见说“久违”，托人办事用“拜托”，与人分别用“告辞”，请人解答用“请问”，赠送礼品用“笑纳”，表示感激说“多谢”，针对不同对象灵活运用，既要彬彬有礼，又要不落俗套。

项目回顾

本篇主要通过介绍旅游服务人员在工作中会用到的社交礼仪，教会旅游工作者如何通过正确的方式为自己塑造良好的职业形象，比如要拥有良好的仪容、仪表、仪态；其次要掌握人际交往的基本技能，比如称呼语、介绍礼仪、握手礼仪、名片礼仪等。最后还要拥有良好的沟通技能，能够用礼貌用语跟客人交谈寒暄，同时还可以根据不同的场合采用正确的沟通方式和沟通内容。这一篇的内容为之后的专业篇作好铺垫，专业的礼仪是建立在社交礼仪基础之上的。学好本篇内容将有利于后面内容的学习。

案例分析

一天上午，某公司在一家五星级酒店的多功能会议厅召开会议。其间，该公司职员李小姐来到商务中心发传真，发完后李小姐要求借打一个电话给总公司，询问传真稿件是否清晰。

“这里没有外线电话。”商务中心的服务员说。

“没有外线电话稿件怎么传真出去的呢？”李小姐不悦地反问。

服务员：“我们的外线电话不免费服务。”

“我已预付了 20 元传真费了。”李小姐生气地说。

服务员：“我收了你的传真费，并没有收你的电话费啊！更何况你的传真费也不够。”

李小姐说：“啊？还不够！到底你要收多少呢？开个收据我看一看。”

“我们传真收费的标准是：市内港币 10 元/页；服务费港币 5 元；3 分钟通话费港币 2 元。您传真了两页应收港币 27 元，再以 1∶1.08 的汇率折合成人民币，我们要实收人民币 29.16 元。”服务员立即开具了传真和电话的收据。

李小姐问：“传真收费和电话收费是根据什么规定的？”

“这是我们酒店的规定。”服务员出口便说。李小姐：“请你出示书面规定。”

“这不就是价目表嘛。”服务员不耐烦地回答说。李小姐：“你的态度怎么这样？”

“您的态度也不见得比我好呀。”服务员反唇相讥。

李小姐气得付完钱就走了。心想：“五星级服务，难道就是这样的吗？”

本案例中的服务员不具备一名合格商务人员的基本素质。接待服务工作是一门综合艺术，是非常讲究接待服务的方法、技巧的。要提高服务质量，就要求服务人员必须接受专业的训练，才能使他们无愧于五星级的标志。

课后思考与练习

填空题

1. ＿＿＿＿＿＿是个人的精神面貌、内在素质的外在表现，是一个人的文化素养和道德情操等内涵。

2. 站姿的要领是：一是__________；二是__________；三是__________。

3. __________能直接反映出一个人的精神面貌，性格特点等。优美的行姿具有动态美，能体现出一个人良好的精神风貌和良好的气质与风度。

4. __________被称为人的第二皮肤，它在人类的生活中，发挥着三大作用。一是__________，如御寒、蔽体等；二是装饰性作用，正如俗话所说“人靠衣装马靠鞍”，得体的衣着可以扬长避短；三是__________。

5. 着装时，应遵循人们公认的__________原则，即时间（Time）原则、环境（Place）原则和场合（Occassion）原则。

6. 西装的款式可分为__________、__________、__________三大流派。

7. __________被公认是最能体现女性曲线美的一种服装。

8. 对于服饰而言，首饰起着__________、__________、__________、__________的作用。

9. 酒店服务员的仪容要求是：____。

10. 美容化妆必须坚持__________、__________、__________的原则。

11. 皮肤一般分三种类型：__________、__________和__________。

12. 人的手势一般可分为五种：__________、__________、__________、__________、__________。

13. __________是在社交活动中使用频率最高、适用范围最广泛的一种礼节。

14. 讲究语言艺术，一要__________；二要__________；三要__________。

实训应用1-1

实训名称

一般的社交礼仪模拟训练

实训内容

在教师的指导下，学生分组练习各种场合下采用的握手、鞠躬和致意。

实训步骤

1. 由教师布置本次实训任务。
2. 以2人一组为单位进行分组。
3. 按照正确的站姿站好。
4. 模拟练习握手。
5. 模拟练习鞠躬。
6. 模拟练习致意。
7. 教师点评、学生互评。

实训点评

1. 教师点评：教师根据规范的动作对部分小组进行点评。

2. 学生互评：以组为单位进行组内互评。

实训应用1-2

实训名称

一般的社交礼仪模拟训练

实训内容

在教师的指导下，学生设计名片并练习正确得体地介绍自己和为别人作介绍，同时正确的派发名片。

实训步骤

1. 由教师布置本次实训任务。
2. 以 3 人一组为单位进行分组。
3. 按照正确的站姿站好。
4. 模拟练习自我介绍。
5. 模拟练习介绍他人。
6. 模拟练习派发名片。
7. 教师点评、学生互评。

实训点评

1. 教师点评：教师根据规范的动作对部分小组进行点评。

2. 学生互评：以组为单位进行组内互评。

酒店篇

知识目标

- 掌握前厅工作人员的素质要求和礼仪规范。
- 掌握餐厅工作人员的素质要求和礼仪规范。
- 掌握客房工作人员的素质要求和礼仪规范。
- 掌握康乐部工作人员的素质要求和礼仪规范。
- 掌握会展相关工作人员的素质要求和礼仪规范。
- 掌握宴会服务的礼仪规范。

技能目标

1. 能够运用正确的岗位礼仪规范为顾客提供各项服务。

2. 能够解决在服务过程中的各种常见问题，利用正确的方式处理顾客投诉，维持良好的酒店秩序。

想一想

微笑也要有分寸

某日华灯初上，一家饭店的餐厅里客人满座，服务员来回穿梭于餐桌和厨房之间，一派忙碌气氛。这时一位服务员跑去向餐厅经理汇报，说客人投诉有盘海鲜菜中的蛤蜊不新鲜，吃起来有异味。

这位餐厅经理自信颇有处理问题的本领和经验。于是不慌不忙地向投诉的客人那个餐桌走去。一看，那不是老食客张经理吗！他心中有了底，于是迎上前去一阵寒暄："张经理，今天是什么风把您给吹来了，听服务员说蛤蜊不大对您老胃口？"这时张经理打断他说："并非对不对胃口，而是我请来的香港客人尝了蛤蜊后马上讲这道菜千万不能吃，有异味，变了质的海鲜，吃了非出毛病不可！我可是东道主，自然要向你们提意见。”餐厅经理接着面带微笑，向张经理进行解释，蛤蜊不是鲜货，虽然味道有些不纯正，但吃了不会要紧的，希望他和其余客人谅解包涵。

不料此时，在座的那位香港客人突然站起来，用手指指着餐厅经理的鼻子大骂起来，意思是，你还笑得出来，我们拉肚子怎么办？你应该负责任，不光是为我们配药、支付治疗费而已。这突如其来的兴师问罪，使餐厅经理一下子怔住了！他脸上的微笑一下子僵住了。到了这步田地，他揣摩着如何下台阶，他在想，总不能让客人误会刚才我面带微笑的用意吧，又何况微笑服务是饭店员工首先应该做到的。于是他仍旧微笑着准备再作一些解释，不料，这次的微笑更加惹起了那位香港客人的恼火，甚至流露出想动手的架势，幸亏张经理及时拉拉餐厅经理的衣角，示意他赶快离开现场，否则简直难以收场了。事后，这一微笑服务终于使餐厅经理悟出了一些道理来。

分析上述案例，出现错误的主要原因是什么？如果你是餐厅经理，你如何做？

项目二　前厅服务礼仪

任务一　前厅部员工的基本素质要求

（一）品行端正

酒店前厅部的工作种类较多，有些会涉及产品价格、财产管理以及酒店的经营秘密。如果员工没有良好的修养、端正的品行，就很容易利用酒店管理中的某些漏洞，利用岗位职责之便，为个人牟取私利，损害客人和酒店的利益，从而直接影响酒店的服务质量、形象和声誉。因此，前厅部员工必须品行端正。

（二）良好的服务意识

良好的服务意识是酒店员工各项工作的灵魂所在，是提供优质服务的前提。没有良好的服务意识，优质的专业礼仪服务就无从谈起。在这一点上，前厅部员工应该随时通过自己的细心观察，以自己的不懈努力，在自己的岗位上为客人提供优质服务。

（三）敬业乐业精神

前厅部员工对前厅部的工作，诸如任务、目标、范围、岗位职责等要有较为全面正确的认识，对本职工作要有责任心。对客人的要求要敏感、反应快，及时地准备向上级或同事传递信息。在服从指挥的前提下，还要有一定的灵活性和创造性。自觉关心和维护酒店利益。

（四）良好的语言表达能力

对前厅部员工语言能力最基本的要求是要做到普通话发音标准、口齿清晰、表达流畅。同时还要具备相应的理解能力、与人沟通的技巧以及掌握1～2门日常应用的外语。

对于前厅部的员工来说，富有幽默感的语言也非常重要。前厅部员工运用语言的机会相对来说比较多。在接待顾客时，语言不能生硬呆板，而应具有幽默感。与客人交谈时，不能只局限于机械地回答。前厅部员工在与客人交谈时，运用生动幽默的语言，不仅能打破僵局、缓和气氛、便于处理问题，而且能使客人觉得酒店员工有较高的文化艺术修养，从而使感情易于融洽。

(五) 精神饱满、举止得体

前厅部员工因工作需要，要练好站立服务的基本功，在工作岗位上，要注意仪容、仪表、仪态。按照酒店的规定着装时要干净整齐。在岗时，整体形象要给人以清新、大方、亲切的感觉。

任务二 前厅部各岗位服务礼仪

(一) 迎宾服务礼仪

(1) 见到顾客光临，应面带微笑，主动表示热情和欢迎，问候客人："您好！欢迎光临!"并致15度鞠躬礼。

(2) 对常住客人应称呼他（她）的姓氏，以表达对客人的礼貌和重视。

(3) 当顾客较集中到达时，要尽可能让每一位顾客都能看到热情的笑容和听到亲切的问候声。

(4) 顾客乘车抵达时，应立即主动迎上，引导车辆停妥，接着一手拉开车门，一手挡住车门框的上沿，以免客人碰头。如果是信仰佛教或伊斯兰教的顾客，因教规习俗，不能为其护顶。

(5) 如遇下雨天，要撑伞迎接，以防顾客被淋湿。若顾客带伞，应为顾客提供保管服务，将雨伞放在专设的伞架上。

(6) 对老人、儿童、残疾客人，应先问候，征得同意后予以必要的扶助，以示关心照顾。如果客人不愿接受特殊关照，则不必勉强。

(7) 顾客下车后，要注意车座上是否有遗落的物品，如发现，要及时提醒顾客或帮助取出。

(8) 如遇出租车司机"宰客"现象，应维护顾客利益，机智处理。

(9) 客人离店时，要把车子引导到客人容易上车的位置，并为客人拉车门请客上车。看清客人已坐好后，再轻关车门，微笑道别："谢谢光临，欢迎下次再来，再见!"并挥手致意，目送离去。

(10) 主动、热情、认真地做好日常值勤工作。尽量当着客人的面主动引导或打电

话为其联系出租车。礼貌地按规定接待来访者，做到热情接待，乐于助人，认真负责，绝不能置之不理。

(二) 行李服务礼仪

(1) 客人抵达时，应热情相迎，微笑问候，帮助提携行李。当有客人坚持亲自提携物品时，应尊重客人意愿，不要强行接过来。在推车装运行李时，要轻拿轻放，切忌随地乱丢、叠放或重压。

(2) 陪同客人到总服务台办理住宿手续时，应侍立在客人身后 1 米处等候，以便随时接受顾客的吩咐。

(3) 引领客人时，要走在客人左前方两三步处，随着客人的步子行进。遇拐弯处，要微笑向客人示意。

(4) 乘电梯时，行李员应主动为客人按电梯按钮，以手挡住电梯门框敬请客人先进入电梯。在电梯内，行李员及行李的放置都应该靠边侧，以免妨碍客人通行。到达楼层时，应礼让客人先步出电梯。如果有大件行李挡住出路，则先运出行李，然后用手挡住电梯门，再请客人出电梯。

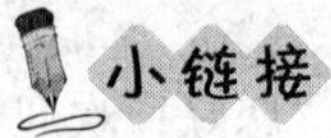

电梯礼仪

一、关于进出电梯的礼仪

(1) 主人先进，方便控制电梯。

(2) 客人先出，方便让客人出电梯。

二、关于男、女士同乘电梯的礼仪问题

(1) 升降电梯：男士应该主动按电梯开启键；待电梯门开启后，男士应该手挡电梯边门，让女先进；进电梯后男士应站在按键旁边，应该问女士到几楼，得到答案后帮忙按楼层键。

(2) 扶手电梯：应该让女士先上，站在靠右边的扶手的位置。

(3) 引导客人乘坐电梯时，接待人员应先进入电梯，等客人进入后关闭电梯门；到达时由接待人员按开电梯门，让客人先走出电梯门。

三、上下楼梯、乘坐电梯的基本礼仪

使用楼梯和自动扶梯时要讲礼貌。如果和你同行的人爬楼梯感到困难，因为心脏不好等呼吸困难，或一条腿上了石膏，就尽可能使用电梯或自动扶梯。

使用楼梯和自动扶梯时，不论上楼还是下楼，主人应走在前面。同样，这样做可使主人到达目的地后迎接并引导客人。男女同事在使用楼梯和自动扶梯时应按先来后到的顺序，事实上，有时候并肩走也是可以的。不要和你前面的人靠得太近。

如果自动扶梯较宽，应靠右侧站，以便让着急的人从左侧超过。在拥挤的楼梯上，跟随着人流，不论上楼还是下楼一般都应靠右侧走。当然，如果楼梯只有一侧有扶手，而有的人必须扶着扶手以保证安全，那么，其他人应服从他的需要。在楼梯上催促他人是危险且不礼貌的。要么放慢脚步，要么超过他人，但不要强迫他人加速。

在办公场所使用电梯时也应该注意一些礼仪。电梯门打开时，先等别人下电梯。此时可用手扶着电梯门边上的橡胶条，不让门关上，使大家有足够时间上电梯。不要往电梯里面挤。如果人很多，你可以等下一趟电梯。走进电梯后，应该给别人让地方。先上的人站在电梯门的两侧，其他人站两侧及后壁，最后上的人站在中间。应该让残疾人站在离电梯门最近的地方，当他们上下电梯时，应为他们扶住门。当带着客人进办公楼时，应扶着电梯门让客人先下。下电梯时，根据你所站位置，应该先下，然后为客人扶着门，并指明该往哪个方向走。如果你够不着所在楼层的指示键，可以请人代劳，并向他致以谢意。在电梯里面不要大声谈论有争议的问题或有关个人的话题。

四、与领导做电梯应注意什么礼仪

(1) 伴随客人或长辈来到电梯厅门前时：先按电梯呼梯按钮。轿厢到达厅门打开时：若客人不止1人时，可先行进入电梯，一手按“开门”按钮，另一手按住电梯侧门，礼貌地说“请进”，请客人们或长辈们进入电梯轿厢。

(2) 进入电梯后：按下客人或长辈要去的楼层按钮。若电梯行进间有其他人员进入，可主动询问要去几楼，帮忙按下。电梯内可视状况是否寒暄，例如没有其他人员时可略作寒暄，有外人或其他同事在时，可斟酌是否必要寒暄。电梯内尽量侧身面对客人。

(3) 到达目的楼层：一手按住“开门”按钮，另一手并作出请出的动作，可说“到了，您先请!”。客人走出电梯后，自己立刻步出电梯，并热诚地引导行进的方向。

(4) 引领客人进房时，先按门铃或敲门，停顿3秒钟后再开门。开门时，先打开过道灯，扫视一下房间无问题后，再请客人进房。

(5) 进入客房，将行李物品按规程轻放在行李架上或按客人的吩咐将行李放好。箱子的正面要朝上，把手朝外，便于客人取用。与客人核对行李，确信无差错后，可简单介绍房内设施和使用方法。询问客人是否有其他要求，如客人无要求，应礼貌告别及时离开客房。

(6) 离房前应向客人微笑礼貌告别，然后目视客人，后退一步，再转身退出房间，将门轻轻拉上。

(7) 客人离开饭店时，行李员进入客房前必须按门铃或敲门通报，得到客人允许后方可进入房间。

(8) 客人离店时，应询问顾客行李物品件数并认真清点，及时稳妥地运送安放到车上。

(9) 行李放好后，应与门厅应接员一起向客人热情告别——“欢迎再次光临”“祝您旅途愉快”，并将车门关好，挥手目送车辆离去。

(三) 总台接待服务礼仪

1. 接待服务礼仪

(1) 客人离总台3米远时，应予以目光的注视。客人来到台前，应面带微笑热情问候，然后询问客人的需要，并主动为客人提供帮助。如客人需要住宿，应礼貌询问客人有无预订。

(2) 接待高峰时段客人较多时，要按顺序依次办理，注意“接一顾二招呼三”，即手里接待一个，嘴上招呼一个，通过眼神、表情等向第三个传递信息，使顾客感受到尊重，不被冷落。

(3) 验看、核对客人的证件与登记单时要注意礼貌，“请”字当头，确认无误后，要迅速交还证件，并表示感谢。当知道客人的姓氏后，应尽早称呼姓氏，让客人感受到热情亲切和尊重。

(4) 给客人递送单据、证件时，应上身前倾，将单据、证件文字正对着客人双手递上；若客人签单，应把笔套打开，笔尖对着自己，右手递单，左手送笔。

(5) 敬请客人填写住宿登记单后，应尽可能按客人要求安排好房间。把客房钥匙交给客人时，应有礼貌地介绍房间情况，并祝客人住店愉快。

(6) 如果客房已客满，要耐心解释，并请客人稍等，看能否还有机会。此外，还可为客人推荐其他酒店，主动打电话联系，以热忱的帮助欢迎客人下次光临。

(7) 重要客人进房后，要及时用电话询问客人“这个房间您觉得满意吗?”“您还有什么事情，请尽管吩咐，我们随时为您服务”，以体现对客人的尊重。

(8) 客人对酒店有意见到总台陈述时，要微笑接待，以真诚的态度表示欢迎，在客人说话时应凝神倾听，绝不能与客人争辩或反驳，要以真挚的歉意，妥善处理。

(9) 及时做好顾客资料的存档工作，以便在下次接待时能有针对性地提供服务。

2. 预订服务礼仪

(1) 客人到柜台预订，要热情接待，主动询问需求及细节，并及时予以答复。若有客人要求的房间，要主动介绍设施、价格，并帮助客人填写订房单；若没有客人要求的房间，应表示歉意，并推荐其他房间；若因客满无法接受预订，应表示歉意，并热心为客人介绍其他饭店。

(2) 客人电话预订时，要及时礼貌接听，主动询问客人需求，帮助落实订房。订房的内容必须认真记录，并向客人复述一遍，以免差错。因各种原因无法接受预订时，应表示歉意，并热心为客人介绍其他饭店。

(3) 受理预订时应做到报价准确、记录清楚、手续完善、处理快速、信息资料准确。

(4) 接受预订后应信守订房承诺，切实做好客人来店前的核对工作和接待安排，以免差错。

3. 问讯服务礼仪

(1) 客人前来问讯，应面带微笑，注视客人，主动迎接问好。

(2) 认真倾听客人问讯的内容，耐心回答问题，做到百问不厌、有问必答、用词恰当、简明扼要。

(3) 服务中不能推托、怠慢、不理睬客人或简单地回答“不行”“不知道”。遇到自己不清楚的问题，应请客人稍候，请教有关部门或人员后再回答，忌用“也许”“大概”“可能”等模糊语言应付客人。

(4) 带有敏感性政治问题或超出业务范围不便回答的问题，应表示歉意。

(5) 客人较多时，要做到忙而不乱、井然有序，应先问先答、急问快答，使不同的客人都能得到适当的接待和满意的答复。

(6) 接受客人的留言时，要记录好留言内容或请客人填写留言条，认真负责，按时按要求将留言转交给接收人。

(7) 在听电话时，看到客人来临，要点头示意，请客人稍候，并尽快结束通话，以免让客人久等。放下听筒后，应向客人表示歉意。

(8) 服务中要多使用“您”“请”“谢谢”“对不起”“再见”等文明用语。

4. 结账服务礼仪

(1) 客人来总台付款结账时，应微笑问候。为客人提供高效、快捷而准确的服务。切忌漫不经心，造成客人久等的难堪局面。

(2) 确认客人的姓名和房号，当场核对住店日期和收款项目，以免客人有被酒店多收费的猜疑。

(3) 递送账单给客人时，应将账单文字正对着客人；若客人签单，应把笔套打开，笔尖对着自己，右手递单，左手送笔。

(4) 当客人提出酒店无法满足的要求时，不要生硬拒绝，应委婉予以解释。

(5) 如结账客人较多时，要礼貌示意客人排队等候，依次进行。以避免因客人一拥而上，造成收银处混乱引起结算的差错并造成不良影响。

(6) 结账完毕，要向客人礼貌致谢，并欢迎客人再次光临。

5. 其他服务礼仪

(1) 如果有客人的邮件，特别是快件，应立即想办法送交客人，不得无故拖延。如果确定客人外出不在，应把邮件妥善放置，等客人回来时及时送交。收发邮件，一定要迅速、准确。

(2) 在承揽了为客人代购各种机票、船票、车票的业务时，应尽力按客人的需求去办。

(3) 在为客人代办事项时，应问清代办事项的品名、数量、规格尺寸、颜色、形状及时间要求，并向客人预收款项。

(四) 电话总机服务礼仪

(1) 坚守岗位，集中精神，在接待服务中坚持使用礼貌用语，避免使用“喂”“我不知道”“我现在很忙”“什么”等语句。

(2) 接听电话动作要迅速，不让电话铃响超过三声；主动问候对方“您好”，自报店名和岗位，热诚提供帮助。如果业务繁忙，在铃响三声后接听，应向顾客致以歉意：“对不起，让您久等了！”

(3) 用电话沟通时，宜保持嘴唇与话筒约 1 寸距离，若靠得太近，声音效果不好；使用左手接听电话，以方便右手作必要的记录。

(4) 要面带微笑，使语言热忱亲切、甜美友善，语调不宜太高，语速不宜太快，用词要简练得当。

(5) 熟悉常用号码，按客人的要求迅速准确地转接电话。若转接的电话无人接听，忌用“不在”打发客人，应主动询问是否需要留言。

(6) 随时在电话旁准备好便条纸和笔，当客人留言时，要认真倾听和记录，留言要重复一遍确认，并跟进、履行对客人的承诺，做到热心、耐心和细心。

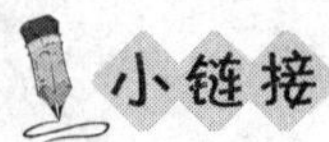

作好电话记录

随时牢记 5W1H 技巧，所谓 5W1H 是指①何时（When）；②何人（Who）；③何地（Where）；④何事（What）；⑤为什么（Why）；⑥如何进行（How）。在工作中这些资料都是十分重要的。对打电话、接电话具有相同的重要性。电话记录既要简洁又要完备，有赖于 5W1H 技巧。

(7) 为客人接转电话和查找资料时，不能让对方等候电话超过 15 秒钟。要求对方等候电话，应向其表示歉意：“对不起，请您稍候。”如果一时未能查清，应及时向对方说：“正在查找，请您再稍等一会。”

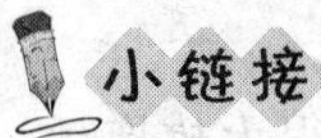

电话用语技巧

电话用语技巧如下表所示。

不妥当用语	正确用语
喂！	您好！
喂，找谁？	您好！这里是×××公司，请问您找哪一位？
给我找一下×××	请您给我找一下×××好吗？谢谢！
等一下	请稍等一会儿
他不在这儿	他在另一处开会，请您直接给他打电话，电话号码是×××
他现在不在	对不起，他不在，如果您有急事，我能代为转告
你有什么事？	有什么事可以帮您？
你是谁啊？	对不起，请问您是哪一位？
你说完了吗？	您还有其他事吗？/您还有其他吩咐吗？
那样可不行！	很抱歉，恐怕不能照您希望的办
我忘不了！	请放心！我一定照办
什么？再说一遍！	对不起！请您再说一遍
把你的地址、姓名告诉我	对不起，您能否将您的姓名和地址留给我？
你的声音太小了	对不起，我听不大清楚

(8) 讲究职业道德，尊重他人隐私，不偷听他人电话。

(9) 通话结束后，应热情道谢告别，待对方挂断电话后，方可按下电话键。

(五) 大堂副理服务礼仪

(1) 接待客人要积极热忱，精力集中，以谦和、富有同情心的态度认真倾听，让客人把话讲完。

(2) 对于客人投诉所反映的问题，要详细询问，并当面记录，以示郑重。

(3) 能够设身处地为客人考虑，以积极负责的态度处理客人的问题和投诉。在不违反规章制度的前提下，尽可能满足客人的要求。

(4) 当客人发脾气时，要保持冷静，待客人平静后再作婉言解释与道歉，要宽容、忍耐，绝对不能与客人发生争执。

学会控制脾气

人的情感似遥控器一般控制着人的言谈举止，外在的表现自然就是表现出的或喜或悲或乐或温的情绪了，它就像是人的另外一张面孔。良好的情绪状态让你显得自信和阳光，是保证社会交往活动正常进行的必要条件。得体的举止、稳定的情绪，似迎面春风让人感到易于接近、容易沟通；反之，完全不能自制的情绪必然成为社交的绊脚石，没有人愿意靠近一个喜怒无常的人。因而，在社交中要谨记以下几点：

首先，切勿急躁冲动。一般情况下，你以什么态度对待别人，别人就会以相同的态度反击你，这不利于问题的解决。另外，急躁冲动容易打乱人的正常思维，不利于正确地解决问题。在日常的社会交往活动中，会遇到千奇百怪的事情，出现各种各样的矛盾，各种各样的问题。遇到问题时，要善于控制情绪，如果失去控制，矛盾会更尖锐。所以不管遇到多恼火的事，都要镇定，才能处理好矛盾。

其次，切勿故作深沉。人际交往，是一种思想交流活动，本该真诚相待，畅所欲言。如果深藏不露，叫人觉得有点道貌岸然；如果与人相处，处处不露心迹，守口如瓶，那么会让人觉得你不可捉摸，不可思议，无形中拉远了心理距离。

最后，切忌喜形于色。表情上眉飞色舞、扬扬自得，还对别人的事评评点点、指手画脚，这样只会引起别人的反感，损害自己的形象和威信。与人交往，应保持一种平常的心态，不能面无表情，但也不能取得成绩或有高兴的事时，就沾沾自喜，得意忘形。

总之，遇到任何事情都要保持一种平和心态，自己喜怒哀乐要表现得自然，不做作。分寸一定要有所把握，否则只能给人一种喜怒无常的印象，最终，只得自食苦果。

(5) 尽量维护客人的自尊，同时也要维护好酒店的形象和声誉，原则问题不能放弃立场，应机智灵活处理。

(6) 对客人的任何意见和投诉，均应给予明确合理的交代，力争在客人离开酒店前解决，并向客人表示感谢。

项目三　客房服务礼仪

任务一　客房部员工的基本素质要求

(一) 自律自觉

客房服务员在岗时，应自觉按照酒店有关规定，不打私人电话；不与同伴闲谈；不翻阅客人的书报、信件、文件等资料；不可借整理房间之名，随意乱翻客人使用的抽屉、衣橱；不可在客人的房间看电视、听广播；不可用客房的卫生间洗澡；不可拿取客人的食品品尝等。这些都是服务工作的基本常识，也是客房部工作中的纪律。

(二) 责任心强

客房部的服务工作与其他部门有所不同，更多的时候，它的劳动强度大而与客人直接打交道的时候少，也就是说出头露面的机会较少。这就需要客房部员工要有踏踏实实和吃苦耐劳的精神，在每天要做的大量琐碎的工作中，能够具有良好的心理素质，不盲目攀比，带着高度的责任感从事自己的工作。

(三) 良好的团队合作意识

不少酒店按照服务规程，要求清扫客房时应两人同行、结伴互助。这就需要客房部员工具有以我为主、善于与同事合作的能力。以各自的努力，营造一个和睦相处、分工明确、配合默契、心情愉快的小范围内部工作环境，提高效率，以利于本职工作的顺利完成。

(四) 充沛的精力和较强的动手能力

客房部服务工作的任务相对来说内容较为繁杂，体力消耗较大，客人要求标准较高。因此，要求客房部员工反应敏捷，具有充沛的精力和较强的动手能力。

客人对客房的要求是舒适、整洁、安全。而要做到舒适整洁，首先是搞好清洁卫生，如房间和卫生间的卫生。这是客人对客房最基本的要求，也是客人最爱挑剔、最为讲究的。客房要无虫害、无水迹、无锈蚀、无异味；地面、墙面要无灰尘、无碎屑；灯具和电器设备、镜面、地面、卫生设备等要光亮洁净；卫生设备要每天消毒。床单、枕套等卧具必须按照规定时间及时更换；房间内装饰布置雅致和谐；酒店物品的放置要按规格整齐划一；中式铺床应看上去床单折痕居中，平整自然，毛毯、枕、被放置统一，被子四角整齐，外观无塌陷感，枕口朝内；西式铺床应床单、被单、毛毯三条中折线重合，床罩平整，四角整齐，包角严密无皱褶。清洁而符合规范的房间，是礼貌服务的物质依托。忽视了这一顾客对于房间的基本要求，其他的礼仪便无从谈起。而要保证客房能够达到舒适整洁的标准，就要求客房部员工要付出巨大的努力，在辛勤的劳动中提高效率。

任务二　客房部各岗位服务礼仪

客房是顾客主要的休息场所，是客人临时的家。顾客希望在酒店住宿期间能拥有个人空间，受到尊重，感受到自在、舒适、方便、安全。因此，注重礼仪的客房服务，应在提供优质服务的同时，尽量避免与顾客过多接触，以免打扰顾客。客房服务工作人员应保持仪表整洁自然，举止端庄大方，礼貌周到，尊重顾客，精神饱满地为客人提供优质服务。

(一) 楼层接待服务礼仪

(1) 在客人抵达前，要整理好房间，检查设备用品是否完好、充足，调节好房间的温度和湿度，为客人提供清洁、整洁、卫生、舒适、安全的客房。

(2) 楼层服务员接到来客通知，要在电梯口迎接，主动问候客人：“先生（小姐）

您好，一路辛苦了，欢迎光临!”如果是常客，要称呼客人的姓氏。

(3) 引导客人出电梯，主动帮助客人，征得同意后帮助提携行李。

(4) 引领客人到客房，到达房间门口时先开门、开灯，侧身一旁，敬请客人进房，然后放置好客人的行李物品。

(5) 客人进房后，根据人数和要求，灵活递送香巾和茶水，递送时必须使用托盘和毛巾夹，做到送物不离盘。

(6) 根据客人实际情况，礼貌地介绍房间设备及其使用方法，简要介绍饭店内的主要服务设施及其位置、主要服务项目及服务时间，帮助客人熟悉环境。对房内需要收费的饮料食品和其他物品，要婉转地说明。

(7) 接待服务要以客人的需要为准，体现为客人着想的宗旨。若客人不想被打扰，需要安静地休息时，服务人员应随机应变，简化某些服务环节。

(8) 在问清客人没有其他需求后，应向客人告别，立即离开。可说“请好好休息，有事尽管吩咐，请打电话到服务台”，并祝客人住宿愉快。退出房间后，轻手将门关上。

(二) 日常服务礼仪

顾客住店期间的日常服务范围广、项目多，劳动强度大、服务繁重琐碎，需要工作人员有良好的身体素质、较强的责任感和动手能力，工作要细致耐心。

1. 客房清洁服务礼仪

(1) 客人一旦入住，客房即成为其私人空间，服务人员不能随意进出该房间。整理房间应尽量避免打扰客人的休息与工作，最好在客人外出时进行；动用客房内的任何一样东西，都应事先征得客人同意。

(2) 有事需要进入客房时，必须讲究礼貌。先按门铃两下，未见动静，再用中指关节有节奏地轻敲房门，每次为三下，一般为两次，同时自报“您好，服务员。”，在听到客人肯定的答复或确信房间内无人后方可进入。进入客房，不论客人是否在房间，都应将房门敞开。

(3) 敲门时，对可能出现的各种情况应该灵活处理：敲门时，门已经打开或客人来开门，要有礼貌地向客人问好，并征得客人允许，方可进入客房服务。

(4) 敲门时，房间内无人答应，进房后发现客人在房间或在卫生间，若客人穿戴整齐，要立即向客人问好，并征询客人意见，是否可以开始工作；若客人衣冠不整，应马上道歉，退出房间并把门关好。

(5) 打扫客房时，不得擅自翻阅客人的文件物品，打扫完后物品应放在原处，不能随意扔掉客人的东西，如便签、纸条等；不可在客人房间看电视、听音乐；不可用客人的卫生间洗澡；不可取食客人的食品；不得接听客人的电话。

(6) 清扫时，如顾客在交谈，不要插话，更不能趋近旁听，不向客人打听私事；如客人挡道，应礼貌打招呼，请求协助。

（7）客房清洁过程中，遇到客人回来，服务员要礼貌地请客人出示房间钥匙或房卡，确定是该房间的客人，并询问客人是否可继续整理。如果客人需要整理，应尽快完成，以便客人休息。

（8）打扫完毕，不要在客房逗留。如客人在房间，离开时应轻声说："对不起，打扰了，谢谢!"然后礼貌地后退一步，再转身走出房间，轻轻关上门。

（9）清扫时，遇到顾客外出或回房间，都要点头微笑问候，切勿视而不见，不予理睬。在楼道中遇到客人，在离客人3米远处开始注视客人，放慢脚步，1米远时向客人致以问候，楼道狭窄时要侧身礼让客人。

（10）工作时，不能与他人闲聊或大声说话，做到说话轻、走路轻、操作轻。在过道内行走，不要并行，不得超越同方向行走的客人。遇事不要奔跑，以免造成紧张气氛，如有急事需要超越客人应表示歉意。

2. 访客接待礼仪

（1）尽量记住住宿客人的姓名、特征等，并注意保守客人的秘密，不将客人的房号、携带物品及活动规律等告诉无关人员，不要给客人引见不认识的人员。

（2）访客来访时，应礼貌问好，询问拜访哪位客人，核对被访者姓名、房号是否一致。在征得客人同意后，请访客办理登记手续，才能指引访客到客人房间。未经客人允许，不要将来访者带入客人房间。

（3）访客不愿意办理来访登记手续，应礼貌耐心地解释，并注意说话技巧，打消来访者的顾虑，求得对方配合；如访客执意不登记，应根据来访者与被访者的身份、来访目的与时间，酌情处理。

（4）若住客不愿见访客时，要礼貌委婉说明住客不方便接待客人，不要将责任推给住客，同时不能让访客在楼层停留等待，应请访客到大堂问询处，为其提供留言服务。

（5）住客不在，若有访客带有客房钥匙要进房取物时，服务人员要礼貌了解访客对住客资料的掌握程度及与住客的关系；若有访客带有住客签名的便条但无客房钥匙时，服务员应将便条拿到总台核对签名。确认无误后办理访客登记手续，然后陪访客到客房取物品。住客回店后，服务员应向住客说明。

（6）客人外出，交待来访者可以在房内等待，服务员应仔细询问来访者的姓名及特征，经过辨别确认后，请来访者办理访客登记。如访客要带物品外出，服务员应及时询问，并作好记录。

（7）顾客接待来访者时，要按客人的要求，备足茶杯、供应茶水。

（8）服务员在岗时要保持相应警觉，对可疑来访者应上前有礼貌地询问清楚，坚持原则、刚柔并济，杜绝不良人员制造事端。

3. 其他服务礼仪

（1）客人需要送洗衣物时，应认真核对件数、质料、送洗项目和时间，检查口袋

里有无物件、纽扣有无脱落、衣物有无破损或严重污点等。

(2) 客人委托代订、代购和代修的事项要询问清楚，详细登记并重复确认，及时为客人服务。客人合理的随机服务要求，要快捷高效地完成，不可无故拖延。

(3) 服务员不得先伸手与客人握手，不抱玩客人的孩子，不与客人过分亲热；与客人接触，应注意文明礼貌，有礼有节，不卑不亢。

(三) 离店服务礼仪

(1) 得知客人离店的日期后，服务员要热情关照客人，仔细检查客人委托代办的项目是否已经办妥，主动询问是否需要提供用餐、叫醒、出租车等服务，主动询问客人意见，认真记录，并衷心感谢，但不要强求或耽误客人过多时间。

(2) 客人离房要送至电梯口，礼貌道别，并欢迎客人下次光临。对重要客人和老弱病残者要送至前厅，并给予特别照顾。

(3) 客人离房后要迅速检查房间，查看有无遗忘遗留物品，房间内的各种配备用品有无损坏或缺失，各种需要收费的饮料食品和物品有无消耗。如果发现遗留物品应尽可能归还原主，如果客人已走，则按酒店的遗留物品处理规定进行保管和处理。如果发现物品缺失或损坏，应立即打电话与总台联系，机智灵活处理，不可伤害客人的感情和自尊心。

(四) 特殊情况服务礼仪

(1) 顾客在住宿期间生病，服务员应主动询问是否需要到医院就诊，并给予热情关照，切不可自行给客人用药或代客买药。若客人患突发性疾病，应立即报告上司与大堂副理，联系急救站或附近医院，不可拖延时间。

(2) 顾客住店期间，若发生酗酒现象，服务员应理智、机警地处理，尽量安置酗酒客人回房休息，并注意房内动静，必要时应采取措施。对醉酒吵闹的客人，要留意其动静，避免出现损坏客房设备、卧床吸烟而引起火灾、扰乱其他住客或自伤等事件，必要时通知上司和保安部人员。对醉酒酣睡的客人，要同保安人员一起扶客人进房，同时报告上司，切不可单独搀扶客人进房或为客人解衣就寝，以防客人醒后产生不必要的误会。

(3) 客人称钥匙遗忘在客房，要求服务员为其开房门时，应请客人出示住房卡，核对日期、房号、姓名等无误后，方可为其开门。若客人没有住房卡，应请客人到总台核对身份无误后，方可为其开门。

(4) 客人在客房内丢失财物，服务员应安慰并帮助客人回忆财物丢失的过程，同时向上司和保安部报告，协助有关人员进行调查，不能隐情不报或是自行其是。

项目四　餐饮服务礼仪

任务一　餐饮部员工的基本素质要求

（一）良好的形象

酒店餐饮服务人员应该注意自己的形象，注重仪表仪容，这是礼仪礼貌服务的重要内容之一。酒店餐饮服务人员应按规定着装（工作服），服装要整齐、清洁、佩戴工牌上岗。

（1）上岗时候不得佩戴手镯、耳环、戒指等饰品，不要留长指甲和抹指甲油，发型要端庄大方。

（2）站姿要飒爽、端正，给人以矫健、大方、优美之感。

（3）坐姿要稳重、文雅，给顾客以温和、端庄、雅观之感。

（4）走姿要潇洒、自然、大方，给人以轻捷、欢悦、洒脱之感。

（5）神态要安详、自然，笑容可掬，给人以热情洋溢、充满活力之感。

（二）爱岗敬业精神

餐饮部通常是由采购、厨房、餐厅、宴会厅和管事五部分组成，工种繁多、机构庞大复杂，人员众多。要求从事餐饮服务的人员，必须充分认识到餐饮服务工作与其他工作一样，都是酒店正常经营运转不可缺少的部分。要热爱自己所从事的专业，在实践中逐步培养起对专业的浓厚兴趣，这样，才能在本职工作岗位上端正工作态度，潜心钻研服务技巧。

（三）殷勤周到的服务

餐饮工作人员绝不可漫不经心或在工作时因想入非非而走神，必须不断地、机敏地照料进餐的客人，密切注视你所服务的桌子正在发生的动作、可能发生什么情况、用餐的速度、进餐过程等。这样，当需要加酒、撤盘或需要额外的调料时，就会提前作好准备，使进餐者感到舒适，使得服务更加有条不紊。

（四）要有经济头脑

任何酒店员工都有一个共同的重要责任——降低成本。在餐饮中，每天不知有多少好东西被当做废料丢弃掉，这是最大的也是最无法计算的浪费。一个好的员工是不会故意损坏、浪费个人的或企业的财产，许多浪费是在无意识中发生的。

（五）熟练运用专业操作技能

作为一名合格的餐饮部员工，对主要菜系应该有一个基本的了解，这对于更好地向顾客提供尽善尽美的服务，无疑是大有益处的。

(六) 讲究各种服务礼节

酒店餐饮服务中的礼节，依约定俗成的习惯和各种通行惯例是有讲究的。餐饮服务人员应做到以下几点：

(1) 嘴勤，就是要做到对于用餐顾客有问必答，有呼必应。主动向客人介绍和询问有关情况，要及时应答。同时以一定的文化素养为基础，根据当时的具体情况，适时地向客人介绍一些名菜的典故，不仅可以淡化客人等菜时的无聊，还可使其对尚未送上来的菜产生极大的兴趣和食欲。

(2) 眼勤，即是要眼观六路、耳听八方，像俗话讲的要"眼里有活儿"。根据顾客的往来、进餐程度、举止行动，判断顾客的要求，及时主动提供服务。

(3) 手勤和腿勤。餐饮服务人员要经常在自己负责的餐桌周围自然地走走看看，及时地端茶、擦桌、收盘、送菜等。

(七) 掌握文明语言运用技巧

作为餐饮人员，要讲究语言艺术，掌握文明语言运用技巧，语言要力求准确、恰当，说话要语意完整，合乎语法，要依据场合，多用敬语，要注意语言、表情和行为的一致性。服务人员应在尽量讲普通话的基础上，再学习和运用1～2门外语，以利于酒店礼仪礼貌服务工作的开展。

日常礼貌用语与忌语

一、日常礼貌用语

(一) 打招呼用语

(1) 您好！ (2) 您早！ (3) 早晨好！ (4) 请。

(5) 请问。 (6) 请坐。 (7) 请稍等。 (8) 请原谅。

(9) 请您走好。 (10) 请多关照。 (11) 请多多指教。 (12) 请教一下。

(13) 没关系。 (14) 中午好。 (15) 不要紧。 (16) 别客气。

(17) 您贵姓？ (18) 下午好。 (19) 谢谢。 (20) 晚上好。

(21) 晚安。 (22) 再见。 (23) 欢迎您再来。

(二) 称呼用语

(1) 同志。 (2) 先生。 (3) 夫人。 (4) 太太。

(5) 小姐。 (6) 经理。 (7) 部长。 (8) 局长。

(9) 主人。 (10) 科长。

(三) 征询应答用语

(1) 您有什么事情？ (2) 我能为您做点什么？

(3) 您有别的事吗?

(4) 这会打扰您吗?

(5) 您需要××吗?

(6) 您喜欢××吗?

(7) 您能够××吗?

(8) 请您讲慢一点!

(9) 请您再重复一次好吗?

(10) 好的。

(11) 是的。

(12) 我明白了。

(13) 这是我应该做的。

(14) 我马上去办。

(15) 不，一点都不麻烦。

(16) 非常感谢!

(17) 谢谢您的好意。

(四) 道歉语

(1) 实在对不起。

(2) 这是我的过错。

(3) 打扰您了。

(4) 是我工作马虎了，一定改正。

(5) 这完全是我工作上的失误。

(6) 真不好意思，让您受累了。

(7) 非常抱歉，刚才是我说错了。

(8) 刚才的谈话请您能谅解。

(9) 是我搞错了，向您道歉。

(10) 说话不当，使得您不愉快，请谅解。

(11) 这事我也不太清楚，等我问清楚，再告诉您。

(12) 您提的意见很好，我们一定采纳，改进工作。

(五) 餐厅常用礼貌语

(1) 欢迎您，请问几位?

(2) 请往这边走。

(3) 请跟我来，请坐。

(4) 请稍等，我马上给您安排。

(5) 请您看看菜单。

(6) 现在可以点菜吗?

(7) 对不起，这菜刚卖完，换个××菜您看行吗?

(8) 请品尝一下今天的特色菜好吗?

(9) 您喝点什么酒?

(10) 这个菜加工需要半小时，您能多等一会儿吗?

(11) 现在上菜好吗?

(12) 对不起，请让一让。

(13) 对不起，让您久等了。

(14) 您还需要点什么?

(15) 您吃得满意吗?

(16) 现在可以结账吗?

(17) 您的钱正好。

(18) 共××元，找您××元，谢谢。

(19) 请您签单好吗?

(20) 欢迎您再来。

(21) 谢谢，请慢走。

二、酒店服务忌语

(1) 嘿!

(2) 老家伙；老头儿!

(3) 大兵；当兵的；兵古佬。

(4) 土包子。

(5) 乡巴佬。

(6) 你吃多了，没事干!

(7) 谁让你不看好点。

(8) 嫌车慢，别坐呀！

(9) 不知道，问别人去。

(10) 听见没有，长耳朵干什么用的。

(11) 怕挤呀，坐出租车去。

(12) 啰嗦什么，快走开。

(13) 我就这态度。

(14) 有本事你告去！

(15) 有完没完！

(16) 不买看什么！

(17) 您买得起就快点买。

(18) 到底要不要，想好了没有？

(19) 喊什么喊！

(20) 没看我正忙着，着什么急？

(21) 交钱，快点！

(22) 我解决不了，愿意找谁找谁去。

(23) 不关我的事，不知道！

(24) 刚才说过了，怎么还问？

(25) 靠边去。

(26) 没钱找，等着。

(27) 你买的时候怎么不挑好？

(28) 谁卖给你的，你找谁！

(29) 有意见，找领导去！

(30) 到时间了，你快点！

(31) 上面写着，你不会自己看！

(32) 不能换，就这规矩！

(33) 不买就别问！

(34) 你问我，我问谁！

(35) 喊什么，没看见我现在有事！

(36) 管不着！

(37) 没上班呢，等着！

(38) 干什么呢，快点！

(39) 我不管，别问我！

(40) 不是告诉你了吗，怎么还不明白？

(41) 没零钱了，自己去换！

(42) 挤什么挤？

(43) 要买快点，不买靠边！

(44) 别啰嗦，快点讲！

(45) 为啥不早说！

(46) 越忙越添乱，真烦人！

(47) 怎么不提前准备好？

(48) 就这货，没办法。

(49) 别装糊涂！

(50) 后边等着去！

任务二　餐饮部各岗位服务礼仪

(一) 餐前准备服务礼仪

1. 餐饮卫生

(1) 环境卫生。整个餐厅中，包括食品服务区和食品准备区，都应该做到卫生洁净、光线明亮、空气清新，这让客人能感受到温馨、舒适和愉快。

(2) 餐具卫生。餐具应按照规范程序进行清洁和消毒，服务员在摆放餐具时要按规范动作操作，保证提供给客人安全卫生和完好的餐具。

(3) 食品卫生。在食品制作和服务环节都应该讲究职业道德，严格按照食品卫生操作规范进行，让客人真正享受到安全卫生的可口食品。

2. 个人卫生

服务人员在上岗前，应做好个人卫生工作。头发整洁、无头屑，发型大方规范，厨师要戴工作帽；穿着全套制服，干净整齐，不佩戴饰物，仪容端庄大方；注意口腔卫生，不在工作时嚼口香糖、吃东西；勤洗手，不留长指甲，不在工作区梳头、修剪指甲。

(二) 迎领服务礼仪

(1) 在客人走近餐厅约 3 米时，应面带微笑注视客人；约 1.5 米时，热情问候客人，对熟悉的客人宜用姓氏打招呼。当男女顾客一起走进来，应先问候女宾，再问候男宾。

(2) 征得同意后主动接过客人的衣帽，并放置保管好。

(3) 问清客人有几位，是否有预订，对已预订的客人，要迅速查阅预订单或预订记录，并引到其所订的餐桌。如客人没有预订，应根据客人到达的人数，客人喜好、年龄、身份等情况安排合适的餐桌。

(4) 迎领客人应注意“迎客走在前，送客走在后，客过要让道，同走不抢道”的基本礼仪。引领时应在顾客左前方 1 米左右的距离行走，并不时回头示意顾客。

(5) 主动请顾客入座，按照先主宾后主人，先女宾后男宾，先年长者后年轻者的顺序拉椅让座。

(6) 客人入座后，值日服务员应及时递送香巾、茶水，并礼貌地招呼客人使用。递送时按顺时针方向从右到左进行，递送香巾要使用毛巾夹；端茶时要轻拿轻放，切忌用手指触及杯口。

(7) 当餐厅内暂无空位，要向顾客表示歉意，并询问顾客是否愿意等候。如果客人表示可以等候，应让客人到休息室或想法设椅让客人暂坐等候；如果客人无意等候，应热情相送，并欢迎再来。

(三) 用餐服务礼仪

1. 点菜服务礼仪

(1) 客人入座后，服务员要立即递上干净、无污损的菜单。菜单应双手递送到客人面前，并说“请您点菜”。

(2) 客人考虑点菜时，服务员不要以不耐烦的语气或举动来催促，应耐心等候，让客人有充分的时间选择菜肴。

(3) 为客人点菜时，应准备好纸和笔，微笑站立在客人一侧，认真记录客人点的每一道菜和饮料，点菜结束后要复述一遍，杜绝差错。

(4) 同客人说话时，要热情亲切，面带微笑，有问必答。当客人犹豫不定征求服务员意见时，应视时间、客人人数、大致身份、就餐目的等具体情况，善解人意地为客人推荐合适的菜肴。

（5）了解每日菜肴供应情况，如果客人点的菜当日没有现货供应时，要礼貌致歉，求得顾客谅解，并向客人建议点其他类似的菜肴，防止出现客人连点几道菜均无货可供的尴尬局面。

2. 上菜服务礼仪

（1）餐厅服务要讲究效率，缩短客人的等候时间，一般客人点菜以后10分钟内凉菜要上齐，热菜不超过20分钟。传菜时必须使用托盘，热菜必须热上，凉菜必须凉上。

（2）服务员对厨师做出的菜肴要做到“五不取”，即数量不足不取；温度不够不取；颜色不正不取；配料、调料不齐不取；器皿不洁、破损和不合乎规格不取。

（3）服务员要做到“三轻”，即走路轻、说话轻、操作轻。传菜时要做到端平走稳、汤汁不洒、忙而不乱，上菜和撤菜动作要干净利落，做到轻、准、平、稳，不推、拉餐盘。

（4）上菜时要选择合适的位置，宜在陪坐之间进行，不要在主宾和主人之间操作。同时报上菜名，必要时简要介绍菜肴的特色典故、风味、食用方法特点等。

（5）如菜肴较多，一般在一道菜用过1/3以后，再开始上下一道菜。每上一道菜，须将前一道菜移至副主人一侧，将新菜放在主宾、主人面前，以示尊重。菜上齐后，应礼貌告诉客人：“菜已上齐，请慢用。”

3. 席间服务礼仪

（1）席间服务中，服务员要做到“四勤”，即眼勤、嘴勤、手勤、腿勤。

（2）工作中要注意仪态，多人站立时，应站在适当的位置，排列成行。

（3）服务操作要按照规范要求，斟酒水在客人的右侧进行，上菜、派菜从客人左侧进行，撤盘从客人右侧进行。服务顺序是先主宾后主人，先女宾后男宾，先主要顾客后一般顾客。如果是一个人服务，可先从主宾开始，按顺时针的顺序逐次服务；如果是两名服务员同时服务，应一个从主宾开始，另一个从副主宾开始，依次绕台服务。

（4）为客人斟酒时，要先征得顾客的同意，讲究规格和操作程序。凡是客人点用的酒水，开瓶前，服务员应左手托瓶底，右手扶瓶颈，商标朝向主人，请其辨认核对选酒有无差错，既表现了对客人的尊重，也证明商品质量的可靠。

（5）斟酒量的多少，要根据酒的类别和要求进行。斟酒时手指不要触摸酒杯杯口，倒香槟或其他冰镇酒类，要使用餐巾包好酒瓶再倒，以免酒水喷洒或滴落到顾客身上。

（6）派菜由服务员左手垫上布将热菜盘托起，右手使用派菜用的叉、匙，依次将热菜分派给顾客。派菜要掌握好数量，做到分派均匀，要做到一勺准，不允许把一勺菜分给两位顾客，更不允许从顾客的盘中往外拨菜。

（7）撤换餐具时要注意：当客人用过一种酒，又要用另一种酒时，须更换酒具；装过鱼腥味的餐具，再上其他类型菜时须更换；吃甜菜、甜汤之前须更换餐具；风味独特、调味特别的菜肴，要更换餐具；芡汁各异、味道有别的菜肴，要更换餐具；骨碟内骨渣超过三块时，须更换骨碟。

(8) 更换餐具时，如果客人正在使用，应稍等片刻或轻声询问，更换时动作要轻，不要将汤汁洒在客人身上。

(9) 撤菜要征求顾客的意见，撤盘一次不宜太多，以免发生意外。不要当着顾客的面处理餐盘内的残物或把餐具堆起很高再撤掉。

(10) 上点心、水果之前，要将餐台上用过的餐具撤掉，只留下花瓶、水杯、烟缸和牙签筒。水果用完后，可撤掉水果盘、餐盘和刀叉，在餐桌上摆好鲜花，表示宴会结束。

(11) 就餐过程中如有客人的电话，服务员应走到客人身边，轻声告诉客人，不可图省事而在远处高声呼唤。

(12) 顾客有意吸烟时，应主动上前帮忙点火，将烟灰缸及时放置到客人执烟的一侧。烟缸内如果有两三个烟头，要及时更换。

(四) 结账服务礼仪

(1) 客人用餐完毕要求结账时，服务员应立即核实账单，账单无误后放在收款盘里或收款夹内，账单正面朝下，反面朝上，送至顾客面前，请客人过目。

(2) 当客人要直接向收款员结账，应客气地告诉客人账台的位置，并用手势示意。

(3) 如果是住店客人签字，服务员要立即送上笔，同时有礼貌地请顾客出示酒店欢迎卡或房间钥匙。核实酒店欢迎卡或钥匙时，检查要认真，过目要迅速，并向客人表示感谢。

(4) 客人起身离去时，应及时为客人拉开座椅，并注意观察和提醒客人不要遗忘随身物品。

(5) 服务员要礼送客人至餐厅门口，向客人礼貌道别，可说“再见”“欢迎您再来”等，目送客人离去。

(五) 特殊情况服务礼仪

1. 客人投诉服务礼仪

(1) 餐饮服务中遇到投诉，应礼貌诚恳、态度温和地接待客人，认真倾听客人反映的情况和意见。要及时向客人表示歉意，不得与客人争辩，并尽快将情况报告给有关管理人员。

(2) 若投诉情况属实，不得推卸责任，应根据情况采取积极有效的措施及时改进，并请客人原谅，同时对客人提出的意见和建议表示感谢。

(3) 若客人因不了解菜肴风味或其他原因而投诉有误时，不能讽刺讥笑，应礼貌机智地进行处理，态度和蔼真诚，不能让客人感到尴尬。

2. 残疾顾客服务礼仪

(1) 遇到残疾顾客用餐，应派专人进行接待服务，并选择合适的餐桌、座椅餐具。

（2）对残疾顾客要尊重照顾、关心体贴、细致耐心，不能使顾客觉得受到冷落或只是同情和怜悯，而应该让顾客感受到温暖、热情、周到、快捷。

（3）在就餐过程中要关注顾客，如果发现顾客身体不适，应保持镇静，迅速报告上司，并立即打电话请医务人员来帮助。

3. 客人醉酒服务礼仪

（1）在餐厅中对客人饮酒过量的问题，应审时度势，灵活处理，既不能轻易得罪客人，又不能听任客人无节制地饮酒而闹事。要谨慎判断客人醉酒的程度并采取及时有效的措施。

（2）对已有醉意、情绪变得激动的顾客，要注意礼貌服务，不得怠慢、不得讽刺，服务要及时迅速。

（3）如果客人不停地要酒，并且言行已经开始失态，可以试着建议其饮一些不含酒精的饮料，同时及时报告上司和保安人员来帮助处理。

（4）如果醉酒客人提出一些非分要求时，应根据具体情况礼貌婉转地予以回绝。对醉酒的客人应尽快将其带离餐厅，以免影响其他客人。

4. 汤汁洒出服务礼仪

（1）操作时若不小心把汤汁洒在餐桌上，应立即向客人表示歉意，迅速用干净餐巾垫上或擦干净。

（2）如果汤汁洒在客人身上，应马上道歉，尽快采取果断补救措施，用干净的毛巾替客人擦拭。如果是异性顾客，应递由顾客自己擦拭。并根据污渍的大小和客人的态度，适时提出为顾客洗涤衣物，并为客人找来准备替换的干净衣服。

（3）如果客人用餐中不小心把汤汁洒在餐桌或身上，应主动帮助客人处理。

项目五　康乐服务礼仪

任务一　康乐部员工的基本素质要求

（一）注重仪容仪表

康乐部服务人员要服装整洁，仪容端庄大方，举止规范、自然，体现出对客人的尊重。

（二）一视同仁、周到服务

康乐部的员工，必须把微笑放在第一位，礼貌周到地为顾客服务。对于到康乐部的客人，必须一视同仁热情欢迎，以礼相待。坚持“顾客至上，质量第一”的服务宗旨，使顾客在情感上真正感受到“娱乐是享受”的浓厚氛围。

客人到来时，要有礼貌，向客人致以问候，并问客人是否已预订了活动的项目，同时为客人登记好。需计时的活动项目要计好时间，需要先收费的活动项目要请客人向收费员交费，收完费后要给客人收据或票据。

带客人进入活动场所时，要走在客人左前方，随客人的走动向前走，与客人保持一定的距离，不可太远，也不可太近。需要开门时，要为客人开门。将客人带到活动场所后，要礼貌地向客人告别。

（三）具备和掌握相关知识

作为康乐部的员工，由于工作的需要，还要具备以下能力和知识。

（1）具有一定的语言文字能力。

（2）至少掌握一门日常应用的外语。

（3）能自觉遵守涉外人员的纪律和酒店规章制度。

（4）具有热爱、熟悉本职工作、责任心强、热情为客人服务的精神。

（5）熟知康乐设备设施状况和操作技能的业务管理知识。

（6）对一些需要陪练的服务项目，如网球、台球等，服务人员要经过专门训练，在掌握专业技能后才能上岗。

（7）了解客人心理，熟练地引导客人进行康乐活动。

（8）身体健康，能胜任本职工作。

任务二　康乐部各岗位服务礼仪

（一）歌舞厅服务礼仪

在歌舞厅为顾客提供服务时，要面带微笑，态度温和亲切大方，将客人带到座位，要询问客人的意见，询问客人需要什么饮料并祝愿客人度过一个愉快的夜晚。

（二）音乐茶座服务

服务员要热情接待，并根据客人的特点和需要，将客人引领到适当的座位上。并征求客人需要什么酒水、食品。与此同时服务员还要细心观察客人的动态，以便提供其所需要的服务。在茶座结束的时候，全体服务员要站到门口欢送客人，表示谢意，并欢迎再次光临。非本店住客离去时，帮助客人叫出租车，并送客人上车，致谢，道再见。

（三）游泳池服务礼仪

酒店游泳池一般是免费给住本酒店的客人提供服务的，一般不接待非本店住客。客人进入游泳池须凭酒店房卡，服务员带客人到更衣室更衣；客人来到游泳池，要准确记录客人姓名、房号、到达时间、更衣柜号码。

（四）卡拉OK厅服务礼仪

接到预订包房通知后，在客人未进包房前，做好准备工作。客人到后，即通知DJ

房作好准备。为客人调试图像、音量，客人询问时热心为客人解答。在客人娱乐的过程中要密切注意包房里面的情况，及时处理音响设备出现的各种问题。

(五) 桑拿服务礼仪

客人到达，主动问好，热情迎接客人，询问有无预订。准确记录客人姓名、房号、到达时间和提供更衣柜号码、钥匙、分配浴室。主动提供毛巾、服务用品。客人进入桑拿浴室作准备，开始桑拿，调好温度。客人想用桑拿浴期间，每 10 分钟巡视一遍，注意客人情况，若有呼唤，及时提供客人要求的各项服务。

在桑拿期间，服务员要密切注视客人的动静，每隔几分钟就要从门的玻璃窗上观望，看看客人浴疗是否适宜，防止发生意外。客人离开时，要提醒客人不要忘了东西，拾到任何遗留的物品，要立即上交台班或主管。对客人要说谢谢光临，欢迎以后再来，并送客送到门口。

(六) 健身房服务

健身房服务员要具有较好的专业外语对话能力，仪容整洁，精神饱满，身体健康，待客热情、大方、有礼，能熟练地掌握和讲解健身器材，善于引导客人参加健身活动。在客人到来时，服务员要介绍设备的性能和操作方法。当客人要健身并要求辅导时，服务员应主动示范。坚守岗位，严格执行健身房规定，注意客人健身动态，随时给予正确的指导，确保客人安全健身，礼貌劝止一切违反规则的行为。

(七) 保龄球服务礼仪

客人前来打保龄球时，应准确记录客人姓名、房号、运动时间。要主动问好，运用准确、规范的服务语言，询问客人是按每人一局还是按时间租用保龄球道。根据客人预订及人数和球道出租情况安排球道。在投球道的记分台上为客人设定人数及局数，开好计算机自动计分。如遇客满，商请客人排队等候。客人玩球的过程中，提供巡视服务，观察操作设备是否准确，保证自动回球、记分显示、球路显示等设施正常运作。巡视员精神状态要良好，能及时、准确、礼貌地提醒客人注意球场秩序，向客人讲解保龄球运动知识时要清楚、明确。

及时纠正违反球场规则和妨碍他人的行为，迅速排解客人纠纷。始终保持球场秩序井然，在整个服务过程中要做到耐心周到。提醒客人，不要取他人的用球，取球时要辨认自己的球号与颜色，球道两边若有人预备掷球时，应待两旁人掷出后进行。客人休息时需要饮料、小吃，主动及时询问需求，作好记录，并迅速提供服务。客人离开时，应主动告别，并欢迎再次光临。

(八) 网球服务礼仪

客人前来打网球时，要向客人介绍球场设施，开放时间，服务项目并准确记录客人姓名、运动时间。提供更衣柜钥匙、毛巾等用品，服务要细致。客人打网球时，视需要及时提供客人需求的各种服务。帮助客人保管好衣物，主动为客人当裁判记分。

客人要求出租或修理球拍，应及时、周到地提供服务。在客人休息时需要饮料、小吃，应主动询问并作好记录，并迅速提供服务。客人离开，应主动告别并欢迎再次光临。

（九）台球服务

客人来到的时候，迎接客人，运用准确、规范的语言主动问好。根据客人人数、球台出租状况迅速安排球台。要准确记录客人姓名、房号、台球桌号、运动时间。及时提供球杆、台球服务。若客人已满，商请客人排队等候或先进行其他活动。客人在玩球的过程中，为初学者提供讲解示范，并及时提供其他需要的服务。客人在休息时需要饮料、小吃，主动及时询问需求，作好记录，并迅速提供服务。客人离开时，应主动告别，并欢迎再次光临。

项目六　会展服务礼仪

任务一　会展服务人员的素质要求

（一）知识面广

展会服务队礼仪工作人员尤其是企业参展人员知识结构的要求是多方面的。主要有公司的相关知识、产品知识及应用、竞争产品的知识、展览知识、客户知识、业务知识、关系建立技巧、团队参展技巧、时间管理技巧、计算机辅助参展，以及知识产权与法律知识等。从展会优质服务的角度来说，会展服务礼仪人员要有广博的知识结构作基础。

（二）富有团队精神

现代企业要雇用的展会服务人员是那些具备很强适应性、愿意分担、将团体目标置于个人目标之上等无私行为的人。展会礼仪服务工作人员必须服从组织和领导，要如实地向领导报告或请示有关工作。尊重和维护上级的威信，有问题要及时请示，同时发挥主观能动性，尽自己最大的努力做好工作。

另外，本部门各成员之间应保持互相信任、团结和谐、互相宽容，在人际交往中，应尊重别人、欢迎别人，营造和谐友好的工作氛围。

（三）自信

自信是对会展服务礼仪人员素质的最基本要求，是取得会展工作成功的基石。自信就是高度的自我肯定，自我肯定表现一个从业者喜欢自己的程度。会展服务礼仪人员只有相信自己的能力和力量才能敢于去竞争，敢于去拼搏，敢于去追求卓越，在会展人际交往中充分发挥自己的才能，抓住各种实际，塑造自己的形象。

会展服务工作人员必须相信自己，具有宽宏大量、容人容事的气量，善于同各种

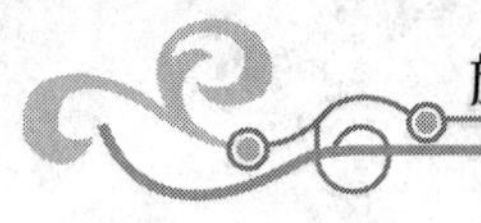

各样的人交朋友，能以豁达的态度，冷静地对待和处理服务工作中的挫折，不可斤斤计较一时一刻的得失。

为了激发他人的自信，必须自己作出榜样。相信自己的能力和信念，相信自己的产品和服务，从而勇敢面对会展服务与管理中的问题和挑战。

（四）有进取心

有进取心的人勇于承担责任，他们欢迎变革，创造变革，愿意并乐于承担随之而来的风险。会展服务礼仪人员必须有积极的进取心。

（五）精力充沛

精力充沛的人，往往能做到勤奋工作、勇往直前。一个精力充沛的人也会被认为是充满活力的，这种行为还会影响到他周围的人。身体健康、精力旺盛是产生愉快情绪的原因之一。相反，健康欠佳、过度疲劳等容易产生不良的情绪。会展服务礼仪人员必须保持旺盛的精力，保证会展服务工作的正常进行。

（六）热情

热情是从业者从内心表达出来的兴奋与自信，是一种强有力的、稳定而深厚的情绪体验。会展服务礼仪人员对工作有了高度的热情，才能引起顾客的共鸣，让顾客对会展服务礼仪人员所说的话深信不疑。它能驱使观众自觉地参与到会展产品和服务的宣传中。表现热情的主要方法是赞美，但赞美要恰到好处，掌握赞美的分寸，把握时机，真诚、发自内心，这样才会让顾客真切体验到会展的高品质。

（七）诚实守信

诚实守信是会展服务礼仪的原则，也是对会展服务礼仪人员的基本素质要求。在各种会展活动中，应按约定时间到达，因故不能准时参加或出席，应及早通知对方。

在正式的国际交往中，接到正式的邀请函则必须视情况给以答复。若邀请函上注有“R. S. V. P”（法文“请回答”的缩写）字样的，则不论参加与否，都要及时回答。若邀请函上注有“Regret Only”（英文“不能参加请答复”），不能出席则需立即答复。

（八）富于创造

会展服务礼仪虽然有一定的规范、程式，但对于会展服务礼仪人员来说每时每刻都存在着责任、压力与挑战，这就要求从事会展服务礼仪的人员在职素养中要有创造性的品质。创造性不仅能给会展服务工作带来新颖、有活力的方式，也同时是自己能力的表现。

（九）刻苦工作的意愿

会展服务工作中，会遇到很多艰苦的服务工作，如招展、招商、会展、宣传、推广等工作，不是所有问题都能事先预料到的，遇到难题就打退堂鼓，这会使客户的问题得不到解决，失去客户对你的信任。有的人会为自己找借口：我太年轻，所以我无法控制自己的情绪；我是女性，所以我无法承受客户对我的投诉；我学历高，服务工作对我来说伤害我的自尊……这些借口也许是事实，但会影响你的工作业绩，需要努力克服。

(十) 解决问题能力强

会展服务礼仪人员应当具备敏锐的观察能力、灵活的反应能力、出色的表达能力和较强的控制能力等。具有较强的能力素质，就能在服务过程中避免许多不必要的麻烦和问题。在与顾客发生冲突的时候，会展服务礼仪人员需要控制自己冲动与消极的情绪，主动克服困难和解决问题。

任务二　会展服务礼仪

展览设计的面很广，从展览工作的时间先后来看，展览服务可以包含展前、展中和展后三个时间段的服务工作。我们以展览会中的服务工作为例，来看展览服务礼仪的基本规范。

(一) 展台礼仪

展台服务礼仪的基本规范有：

(1) 殷勤接待顾客。展会现场可以分散人们注意力的因素有很多，比如噪声、音响、影像、表演……如何把顾客吸引到展台并关注展品是一件难事，展台服务要做到殷勤接待顾客，争取最好的效果。

(2) 巧妙设计开场白。好的开场白应具备以下几个方面：

①准备一些开放式、有利于话题深入的问题。

②引导顾客谈自己的工作或爱好。

③善于抓住顾客的注意力，引导他们关注展台。

④恰当介绍行业与产品信息，强调本企业产品的特色。

如果已经锁定了目标客户，在进一步交谈时要注意问题的合理设计，通常由以下问题可灵活提出：

①您有什么需要呢？

②这次展会对您有意义吗？

③您怎么会来参观这场展览的呢？

④您对××产品熟悉么？您用过××品牌的产品吗？

⑤哪些地方是您想去的旅游佳境？

⑥您在××方面的迫切需求是什么？

(3) 学会倾听，深入谈话内容。一旦让某位顾客开口说话，那么接下来最重要的任务就是倾听。有人建议在展台上必须花80%的时间来倾听客户的意见，只用20%的时间进行讲解，提出解决方案。深入谈话内容可以了解顾客对产品感兴趣的程度、计划购买的日期，以及他是不是最后的决策者等。

(4) 提供给客户有用的信息。在与顾客之间建立了一定的信任关系后，应及时根据客户的基本购买动机（价值、享受、声誉、生活需要、避免损失等）需要，向客户提供有用的商品信息，以促成客户的最终定夺。

(二) 展台工作人员礼仪

展台工作人员的仪表非常重要，有调查显示，80%以上参观展览的观众的第一印象都来自展台工作人员。因此，展台工作人员要在穿着、仪容、举止、语言等方面要特别注重礼仪规范。

1. 展台工作人员的十大戒律

(1) 不可以坐着。

(2) 不可以阻碍交通。

(3) 不可以吃东西或喝水、饮料。

(4) 不可以主动和走廊上的人搭话。

(5) 不可以和同展位的同事闲聊。

(6) 不可以把展位工作人员安排得太多。

(7) 不可以把手插到衣兜里。

(8) 不可以把所有资料都摆放出来。

(9) 不可以迟到或早退。

(10) 要随时面带微笑。

2. 语言沟通要求

展位工作人员对顾客常问的问题要准备好答案，要避免使用消极意义的词语，不应该说的词语有：

(1) 我不知道。

(2) 等一下。

(3) 我们做不到。

而应该说：

(1) 让我帮您查查看。

(2) 您可以等一下吗？

(3) 我们推荐你使用××看看。

3. 其他

由于展厅一般比较嘈杂，所以应该口齿清晰，语速适中；应该再第一时间就能判断顾客类型，然后决定是否需要进一步的交换；应该再问了一些问题后，站在顾客的角度来定位你所推销的产品或服务等。

(三) 展览会模特礼仪

展览会的模特可以说是一道亮丽的风景线，模特可以帮助参展商在最短的时间内吸引来访者的视线。但是，展览会的模特也要具备一定的展会礼仪知识，这样才能“秀外慧中”，帮助参展商更好地推广企业形象。

任务三　会议服务礼仪

不同规格的会议其会务服务标准也各不相同，下面以各级代表会议为例，看看会议的场内与主席台的服务规程。

(一) 场内服务

场内服务是指在会场内为与会者指路引座的服务工作。其工作规程有以下几点：

(1) 整理抽屉，擦桌面，擦椅子、地板，地毯吸尘，搞好场内卫生。保证温度适宜，空气新鲜。

(2) 按要求摆好指路牌和带有各种标准的牌号。

(3) 入场前一小时，统一着装，仪表整洁入岗、站位。站位时一般在各走道口的一侧，面向与会者。

(4) 指路时右手抬起，四指并拢，拇指其余四指自然分开，首先向着客人，示意所指方向时说“请这边走”或“请那边走”。

(5) 熟悉场内区域座号，主动为与会者引座，做到准确无误，主动搀扶、照顾年老体弱者入座、站立、投票、上厕所。

(6) 大会开始，站到工作岗位上，站姿端正、大方、精力集中，认真观察场内动静，如有行动不便的与会者站起，要迅速前往照顾。换班休息时动作轻稳地迅速离开。无关人员一律劝其退场，保持场内秩序井然。

(7) 会间休息或休会时，要及时打开门帘，按规范要求站立在自己的岗位上，照顾与会者出入或退场。

(8) 与会者退场后，按分工划分的责任区域认真仔细地进行检查，擦桌面，理抽斗，如发现遗失的东西，要记清座位号码，及时上交和汇报。

(9) 认真做好当日收尾工作，妥善收存各种牌号。

(二) 主席台服务

主席台服务的规程如下：

(1) 搞好主席台上的卫生。

(2) 明确主席台上的总人数，主要领导的座位和生活习惯及招待标准、工作要求。

(3) 按人数配齐茶具、名签座、文具等。认真烫洗茶具，严格消毒，达到安全、卫生标准。

(4) 穿好工作服，着装统一，仪表整洁，入场前一小时上岗，检查桌椅，摆放垫盘、茶杯（加好茶叶）、名签座、便笺、铅笔，要求距离一致，整齐划一。

(5) 垫盘、茶杯的花色要对正主人，茶杯把手向里，略有斜度（一般不大于90度和不小于45度）。

(6) 会前30分钟，从最后一排的服务员开始，就顺序排队，统一进入场内。倒水时步态平稳，动作协调，左手小拇指与无名指夹住杯盖，中指与食指卡住杯把，大拇指从上捏紧杯把，将茶杯端至腹前，右手提暖瓶将水徐徐斟入杯中，八分满为宜。然后将杯子放到垫盘上，盖上杯盖。

(7) 会前20分钟，统一检查茶杯。检查时用右手指的背面轻轻靠一下杯子，即可知道是否有水，发现空杯、裂杯和渗水的要及时处理。

(8) 会前10分钟，按各自分工各就各位，照顾与会者入场、就座。对行动不便的与会者要帮助带好耳机。

(9) 奏国歌时，听指挥统一上台，照顾自己所负责的搀扶对方起立、落座。

(10) 第一次30分钟续一次水，以后每40分钟续一次水（也可根据各地习惯的不同，适时续水）。对首长和报告人的用水，根据情况及时续水。续水时按顺序排队统一上台。

(11) 会议进行中，主席台两侧各设一人观察台上的情况，处理应急事务。对中途退场或上厕所的与会者，要进行引导服务，必要时需跟随照顾。

(12) 收尾工作按顺序进行，撤杯盖，倒剩茶水，收茶杯，擦、收垫盘，收回毛巾、名签座，并做好下次大会的准备工作。

(三) 主席台的座位安排

较为大型或重要的会议通常安排席卡，其颜色、规格、字体要统一。主席台的座位安排一般是尊者坐正中间。如果发言人席设在主席台上，一般位于台上最右侧，主持人在发言人席的左侧；如果主席台外另设发言人席，则主持人席设在主席台的最右侧。

任务四 展览服务礼仪

(一) 现场各环节迎接礼仪

现场各环节迎接礼仪如下：

(1) 会展代表到达现场时，迎接人员应提前在门口迎接，体现出主办方的热情，并主动问候，这是现场迎接礼仪的第一步。

(2) 迎接会展活动时，应全神贯注，注意与代表保持目光接触。为代表服务时，可遵循先主后次、先女后男的礼仪原则。

(3) 平等对待所有参加展会的代表，无论是国内同胞还是国外客商，应一视同仁。

(4) 现场介绍时，应依据礼仪规范，按照先主后次的顺序，表示对客人的尊重，并以职位的高低为先后进行介绍。

(5) 现场服务接待人员在处理投诉时要做到耐心倾听、注视对方、保持微笑、礼貌提问、记录信息、给予答复和感谢对方。

(二) 司仪礼仪

司仪礼仪有：

(1) 展览司仪着装应注意长短、松紧与体型相吻合，不能穿着过透或过露的服装。

(2) 展览司仪着装应与身份相协调，既要端庄大方、贴近生活，又不能浓妆艳抹、珠光宝气，以免拉大与观众的距离。

(3) 展览司仪着装应适合年龄，如果着装与年龄错位，势必造成观众反感，起到相反效果。

(4) 根据展会的特定场合，展览司仪着装一般应当较好地配合展会气氛。

(5) 展览司仪的眼神应准确配合所展示产品的内容。

(6) 展览司仪眼神应注重寻求与观众眼神的交流。

(7) 司仪可以运用双手做各种动作来辅助语言表达，渲染气氛。

(8) 在开场称呼中，可按国际惯例称“女士们、先生们”或“贵宾们、女士们、先生们、朋友们”。

(9) 司仪发言中的“欢迎”“感谢”之类的句子尽量归纳精简，以足够为度，从而节省鼓掌次数，以免引起反感。

(10) 司仪需配翻译时，在断句、故障时要注意控制好时间，以表示对外宾的尊重。

(11) 一位称职的司仪，应明确自身的角色，不应喧宾夺主，要在最短时间里，通过自己的语言，把演讲者推销给听众，营造出一种友好融洽的展会气氛。

(三) 演讲礼仪

会展活动中的演讲有一定的礼仪规范可循。演讲时主要需注意以下礼仪规范：

(1) 保持精力。

(2) 正确着装。

(3) 注重姿态。

(4) 关注交流。

(5) 声音洪亮。

(6) 注重技巧。

(7) 表情自然。

(8) 服务周到。

(9) 讲究礼节。

(四) 国际展会礼仪

(1) 要了解和尊重各国的特殊习俗。

（2）见面要有礼有节，国际往往在见面时有互换名片的习惯。

（3）参加商务活动时要守时，出席宴会应正点或提前两三分钟抵达。

（4）参加宴请时要有礼节，告辞时要等主宾退席后才可退席。

（5）选择适当的称呼方式，国际上一般称呼女士、先生，对地位高的官方人士也可称“阁下”或其职位。

（6）准备适当的礼品，国外大多数商业机构禁止送礼，要谨慎行事。

（7）穿着服饰要合适，参加商务活动或宴请，正统的西服或领导是必要的。

（8）交流方式要注意，切忌在交流时斜靠椅子，或两三人窃语，或无精打采。

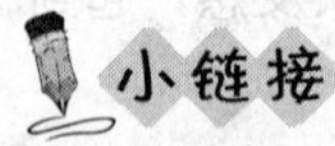

瑞士达沃斯

以召开世界经济论坛而闻名的达沃斯，风光绮丽。达沃斯旅游局的麦克先生介绍说，旅游是达沃斯的第一大支柱产业，旅游收入居瑞士各城市的第三位，因为这里有独一无二的自然风光，还有完善的各种体育及旅游设施。达沃斯是欧洲的滑雪胜地，每年旅游收入50%来自冬季。达沃斯的会议旅游也占有很重要的地位，每年的会议旅游展全国旅游总收入的8%～10%。这里的体育、旅游设施60%是州或当地政府兴建的，其余为私人公司兴建。当我们走进达沃斯会议中心时，发现里面的建筑装修并不像我们想象得那么豪华，但这里的音响及其他设施却是世界一流的。达沃斯每年的国际性和地区性会议较多，每年在这里召开的国际会议由35个，地区性会议170个。为什么这个拥有一万多人的小城能成功举办世界经济论坛？瑞士联邦旅游局驻北京的首席代表张雯佳说：“达沃斯举办的世界经济论坛之所以成功，主要是依靠当地优美的自然风光、完善的旅游设施和成功的商业运作，此外，达沃斯还有多年丰富的会议旅游承办经验。”

项目七　宴会服务礼仪

任务一　中西餐宴会服务礼仪

（一）餐前准备

（1）参加班前会，了解宴会的具体任务，使服务工作做到“九知”“四了解”。“九知”即知出席宴会人数、桌数、主办单位、邀请对象、知宾主身份（主办主人）、知宴会的标准及开宴时间、菜式品种、出菜顺序、收费办法；“四了解”指了解客人的宗教信仰、风俗习惯；了解客人的生活忌讳；了解顾客的特殊需要；了解会议、客房的安排等。

(2) 做好准备工作：熟悉菜单，计算餐具的用量，备足酒水饮料，准备特色作料；选配器皿、用具，餐具要备用2/10；酒水按要求擦干净在工作台摆放整齐；根据宴会的类别、档次进行合理布置，确保灯光、室温、音响、家具、设施完好；搞好宴会厅的卫生，按摆台标准摆好餐台，做好摆台后检查，要摆放整齐、符合要求。

(3) 进行自查，检查个人仪表仪容，复查餐台、台布、台面餐具、各种调味品、烟缸、牙签等放置是否齐全整洁、符合要求，椅子与所铺的席位是否对应等；菜单、托盘、备用餐具、小毛巾、工作台内储存物品等是否齐全、清洁；接受领班检查。

(4) 宴会开始前8分钟，按要求摆上冷盘。若知宴会酒水，也提前5分钟，斟上红酒和白酒（按斟酒要求）；准备就绪后，开餐前30分钟，站立在餐厅门口，迎候顾客。

（二）餐中服务

(1) 迎客入座。客人进入餐厅，迎宾员按迎宾规范进行服务，领至宴会厅，值台员应面带微笑，热情迎接，躬身行礼，问候“您好，欢迎光临”；主动接挂衣物，“请将衣物给我，我为你保管”，挂衣时，应握衣领，避免衣袋里物品滑出或碰坏；热情地为客人拉椅让座（将椅子拉开，当客人坐下时，用膝盖顶一下椅背，双手同时送一下，让客人坐在离桌子合适的距离，10～15厘米为宜），并用手势示意“您请坐”。

(2) 顾客坐好后，可致开场白。站在副主人处，面带微笑至所有顾客：“各位先生、小姐（领导），中午（晚上）好，欢迎光临本店，我是×号服务员，今天由我为诸位服务，祝大家就餐愉快，谢谢!”。

(3) 撤花瓶（席位签），为客人铺餐巾、去筷子套，从主宾右侧开始顺时针转，撤去冷菜的保鲜膜（用服务夹操作）；送香巾，席间送香巾三次，客人入座后一次，上完热菜后一次，客人用餐完毕再送一次（上特殊的手剥菜时，应再跟一次），并及时收回。送香巾时，要从客人右侧提供服务，并说“请用香巾”；斟茶，斟七八分满即可，为顾客斟茶时，不得用手触摸杯口。

(4) 斟酒服务：按斟酒服务规范操作，第一次斟倒时，用托盘斟酒，席间服务时可用徒手斟酒；开餐前若已斟上红酒和白酒，则从主宾开始斟倒饮料，征求客人意见：“请问您喜欢用哪种饮料?”宴会若未提前定好酒水，客人入座后，应先问酒：“请问今天用什么酒，我们这有……”客人选定后，按规范进行操作；宴会过程中，应注意随时添酒，不使杯空。

(5) 上菜服务：依菜单顺序上菜，按上菜、分菜的规范进行上菜、分菜；上菜时，每道菜都要报菜名，并作适当介绍，特色菜要重点介绍“各位来宾，这是本店特色菜××，请品尝”，如客人表现出对此菜的较大兴趣，可适当介绍此菜的特点；放菜时要轻，有造型的菜注意使看面朝向主宾；要掌握好上菜的时机，快慢要适当；菜上齐后，视情况可轻声告诉主人，也可说“您的菜已上齐了”。

(6) 分菜时，可用转台式分菜，叉勺式分菜和工作台分菜几种方式结合起来服务(宴会服务中，要将1/3的菜进行分派)。

(7) 席间服务：要做到一快，服务快；三轻，走路轻、说话轻、操作轻；四勤，即眼勤、嘴勤、手勤、腿勤。当顾客吸烟时，立即上前站在顾客右侧为其点烟，并说"您请"；撤换烟缸时，把干净的烟缸倒扣在用过的烟缸上，一起撤下放进托盘，然后再把干净的烟缸摆回餐桌；换碟时，服务员用右手从主宾的右边依次撤去同时换上干净的碟，并用礼貌用语（伸手示意）："打扰一下，给您换一下骨碟可以吗?"当客人帮着拿骨碟（及提供了帮助）时应说声"谢谢"。

(8) 顾客席间离座，应主动帮助拉椅、整理餐巾；待顾客回座时应重新拉椅、落餐巾；顾客祝酒时，服务员应立即上前将椅子向外稍拉，坐下时向里稍推，以方便顾客站立和入座；服务中要保持转台、餐台的整洁；宴会服务中，服务员要按规定姿势站立于距离客桌1.5米处，应用眼光注视全部客人的情况，出现问题及时处理。

(9) 根据客人要求上饭、面点、汤，要先分汤，再将面点规整地摆上转台；上水果前，撤去所有餐具，换上干净盘子，视情况摆上刀叉等，端上水果，并说"水果拼盘，请慢用"；整个宴会服务过程，值台员必须坚守岗位。

(三) 餐中服务注意事项

(1) 宴会服务中，两个服务员服务时，不应在顾客的左右同时服务，也严禁左右开弓；要及时掉换碰脏的餐具，失落的刀、叉、筷等；服务过程中，要微笑服务，运用技巧全方位服务，每进行一道服务必须说"您请"。当某个客人需要打电话时应主动领其至电话旁，当客人上卫生间，主动领其到卫生间前。当客人特别喜欢吃某道菜时，应多给他分几次；在服务过程中，如不小心将客人酒杯或茶杯打翻，应马上道歉："非常抱歉，不好意思。"将酒具或茶具扶起，给客人重新换个酒杯或茶杯，并斟上酒水或茶水，然后将溢湿的桌面垫上香巾或口布；若汤汁等洒在客人身上应马上道歉："非常抱歉，这是我工作失误，不好意思，我帮您擦一下吧！"

(2) 服务过程中应主动灵活，若客人唱歌，应马上递话筒，说："您请。"积极为客人点歌；若客人特别喜欢吃某道菜，而此菜品已吃完时，征询客人意见是否需要再加一道；因客人比较集中，菜上得慢一些时，给顾客解释："非常抱歉，因今天客人比较集中，菜上得慢了一些，请您原谅。"而等菜上来之后应说："非常抱歉，让你久等了"；当客人对您这道菜品称赞时，服务生应主动说："谢谢您的夸奖，欢迎您下次来时，再点这道菜"（注：零点服务同样注意以上事项）。

(四) 餐后服务

(1) 客人用餐完毕，送上香巾，并征求客人意见（零点服务也一样），对顾客提出的意见要虚心接受，记录清楚，并感谢"非常感谢您的宝贵意见"；为客人拉开坐椅让路，递送衣帽、提包，在客人穿衣时主动配合协助；送客道别（按送客服务规范进行）。

(2) 收台工作：客人离开后，要及时翻台；收台时，按收台顺序依次先收玻璃器皿、银器、口布、毛巾、茶水、烟缸，然后依次收去桌上的餐具；整理清洁宴会厅，使其恢复原样。

小链接

为客人提供口布、毛巾、烟缸服务

一、为客人铺口布

(1) 客人就座后，中西餐厅的服务员要迎上前，根据女士优先、先宾后主的顺序，为客人铺口布。

(2) 一般情况下，应到客人的右侧，为客人铺口布。

(3) 为客人铺口布时，要站在客人右侧拿起餐巾，将餐巾轻轻对角打开，并注意右手在前、左手在后，将餐巾轻轻铺在客人腿上。

(4) 当需要从客人左侧送餐巾时，应站立于客人左侧，并注意左手在前、右手在后，以免胳膊肘抬到客人胸前。

二、为客人提供小毛巾服务

(1) 中西餐厅服务员，要将清洁的小毛巾折好，放入毛巾箱内蒸热。

(2) 客人入座后，就要提供第一次小毛巾服务。

(3) 按客人人数将小毛巾放入毛巾托内，从主宾位开始按顺时针方向，绕台进行小毛巾服务。

(4) 当客人用小毛巾擦完手之后，要及时撤下客人已用过的小毛巾。

(5) 客人用餐完毕，要提供第二次小毛巾服务，服务程序同上。

三、为客人提供茶水服务

(1) 中餐厅客人入座后，即提供茶水服务。

(2) 问清客人所需茶叶的品种，迅速用茶壶备茶。

(3) 依照先宾后主的顺序为客人斟茶，至七八分满即可。

(4) 斟茶时不得将茶杯从桌上拿起并接触杯口。

(5) 随时观察，客人杯中的茶水少于1/3时应及时续斟。

四、为客人提供香烟服务

(1) 打开香烟包装纸，右手轻敲烟盒底部，使香烟弹出四五支。

(2) 将烟盒上端架在火柴盒上，下垫花垫纸，放在餐碟中，送到客人餐桌。

(3) 留意客人准备吸烟时，立即上前服务，注意火柴由外向内划，以免伤及客人。

(4) 右手大拇指与食指捏住火柴尾端，其余三指拢住火苗，为客人点烟，点完后轻轻将火柴摇灭，一根火柴最多为两位客人点烟。

(5) 使用打火机为客人点烟时，要提前调好火苗的大小，打着后招呼一声再为客人点烟。

五、为客人提供撤换烟灰缸服务

(1) 当烟灰缸内有两个烟头或杂物时应及时撤换。

(2) 将干净的烟灰缸扣在脏烟灰缸上，一同取下放回托盘，以免烟灰飞散。

(3) 再将干净的烟灰缸放回原位即可。

六、为中餐客人撤盘和更换餐具

(1) 中餐零点餐厅撤换几次餐盘，要看具体菜肴品种而定。高规格的宴会每道菜都要更换餐具。

(2) 零点餐厅用完带壳、带骨、带浓汁的菜肴后，上名贵菜前和上菜不及时的时候，都可更换餐盘。

(3) 右手先撤下用过的餐碟，放入托盘中，再送上干净的餐碟。

(4) 撤换时要尊重客人的餐具摆放习惯，客人没有用完的餐具不能撤换。

(五) 客人用现金结账的服务程序

中西餐厅的常见的结账方式有现金结账、信用卡结账、支票结账和签单结账等。

(1) 客人用餐完毕，示意服务员结账时，服务员应迅速到收银台取出账单，并将账单用账单夹或收银盘递送给客人，切记不要大声报账单的总金额。

(2) 客人付现金后，应礼貌致谢，并将现金用账单夹或收银盘送到收银台，然后把找的零钱和发票，用收银盘送至客人，并让客人当面点清，切记不要用手接客人的现金，更不能忘记自己的服务用语："请您点清找回的零钱，并收好发票。"

(3) 客人用信用卡结账的服务程序。

①客人示意结账时，中西餐厅的服务员，要用账单夹或收银盘将账单递送至顾客。

②要确认客人的信用卡是本饭店接纳的，检查持卡人姓名、性别、信用卡有效期、持卡人身份证，并向客人致谢。

③要将信用卡、身份证和账单送交收银台。

④收银员要再次检查信用卡有效期、持卡人姓名、身份证，并核对信用卡公司的注销名册等，确认无误后，填写信用卡表格，刷卡办理结账手续。

⑤请客人确认账单金额，并在信用卡表格上签名。

⑥核对客人签名是否与信用卡背书签名相同。

⑦将表格"顾客副本"的存根、信用卡、身份证交还客人，再次礼貌致谢。

任务二　冷餐会服务礼仪

（一）餐前服务

（1）根据冷餐会通知，了解出席客人的国籍，人数，用餐标准，举行时间，有何禁忌，然后设计好台样，专人准备餐具。

（2）根据要求和台样，布置菜台等，会场布置花草盆景。

（3）根据指定供应的酒水品种，备齐备足玻璃皿。

（4）一般 200 人以下的冷餐会，需要安放一只中心菜台（约同 10～12 只方桌面积），一只点心台，一只水果台，一只酒水台。

（5）冷餐会一般不设座位，但可根据要求在中心菜台的四周安放一些小台和椅子，或布置主宾台。

（6）在客人到前 1 小时，将一切准备工作做好。

（二）铺台服务

（1）各种餐台包括主宾台都用台裙围边，台裙要清洁烫平，别针针尖不能外露，台裙要遮住台脚，台子正中要放鲜花花篮。

（2）餐盘放在中心菜台两头居中，餐刀在右，餐叉在左，也可适当放些筷子套，餐盘和餐具，上用餐巾覆盖，餐盘数和餐具应略多于预订客人数。

（3）放台料：盐、胡椒、牙签、餐巾纸等。

（4）冷餐会菜肴品种一般在 20 种以上，另外可备几只造型菜，包括大型食品精雕，以增添氛围，菜肴的一般摆法：造型菜正中，主菜放中央，其他菜肴一色两盆，对称摆放，做到荤素色彩搭配均匀，热菜应置于保暖炉上。

（5）水果台铺放水果刀。

（6）点心台铺放骨盆和点心叉。

（三）餐中服务

（1）服务员在入口处迎宾，主办单位应列队主持迎宾，酒水服务员应及时上前送上酒水。

（2）专人察看客人进餐情况，添加菜肴，整理菜盆和取菜餐具，当大餐盘内食品用到一半时，即应添满。

（3）可根据要求在冷餐会进行中分派酒水和小吃，并说“请”。

（4）服务员要勤巡视，多观察，主动为客人服务，服务员要及时收拾脏杯、脏盘，并随时保持收餐台和餐桌的整洁卫生。巡视过程中不得从正在交谈的客人中间穿过，更不能打断或打扰客人的交谈，若客人互相祝酒，要主动上前等待斟酒，并就说：“对不起，请让我过去一下，谢谢。”

(5) 主人致词祝酒时，要专门安排一名服务员为其送酒，其他服务人员则分散在客人之间为客人送酒，动作要迅速敏捷，保证每位客人有酒或饮品在手。

(6) 如主人去各处轮流敬酒，应专人用托盘拿好酒瓶，随行倒酒。

(7) 客人取食品时，服务人员要主动送碟、盘，帮助客人取用食品和分送食品，还要注意菜食的数量，不足时，要及时补充，但要注意节约，随时保持食品装饰的形态美观、整洁。

(8) 服务员即要坚守岗位，又要相互协作配合。

(9) 迎宾，送宾均按宴会服务程序。

项目回顾

酒店员工提供专业的礼仪服务的前提是员工必须掌握娴熟的专业技能。本章通过酒店的岗位分工，介绍各部门的岗位要求和礼仪规范，从而达到规范员工礼仪服务的目的，主要包括酒店前厅部礼宾服务规范、酒店客房部礼仪服务规范、酒店餐饮部礼仪服务规范、酒店康乐部礼仪服务规范、酒店康乐礼仪服务规范标准、会展工作人员以及宴会的礼仪服务规范标准。

案例分析

陈先生是我们酒店的忠诚客户，每次来都喜欢入住商务楼层，且总习惯去商务酒吧坐坐，约见几位好友聊聊天。第一次来，陈先生点了一壶红茶，第二次来依然点了红茶，第三次来的时候，有心的服务员小沈微笑地征询陈先生道："请问陈先生今天还是喝红茶吗?"陈先生开心地对朋友说："这儿的服务就是不错，服务员很用心哦，我来过两次，就已经知道我爱喝红茶了，但是今天我想换换口味改喝咖啡了。"

现在酒店都在提倡个性化服务，收集并运用客史档案是做好个性化服务的一个重要手段。但是在实际工作中，服务员往往会掌握不好尺度，熟悉客人，细心牢记客人的习惯爱好，并不等于可以和客人平起平坐，越俎代疱。本案例中的服务员小沈很细心，捕捉到了陈先生的喜好信息，但是并没有擅自决定为客人泡上红茶，因为客人的喜好也会改变，所以我们在服务中要处处做个有心人，熟悉客人并不忘尊重客人。

课后思考与练习

一、填空题

1. 前厅部员工的素质要求包括________、________、________、________。

2. 总机服务员要以__________为服务宗旨，做好接转服务工作。

3. 客人对客房的要求是________、________、________。

4. 待客站姿亦称为____________、____________或稍息。
5. 恭候顾客的站姿，又称____________或____________。
6. 营业员暂时离开柜台时，应说________________。

二、简答题

1. 前厅服务员有哪些礼仪规范？
2. 用自己的话说说专业礼仪服务对酒店工作人员的重要性。
3. 谈谈微笑对于服务员的重要性。

实训应用

实训名称

模拟酒店前厅、客房、餐厅工作场景

实训内容

在教师的指导下练习用正确的手段处理发生在酒店中的一些事件。

实训步骤

1. 由教师布置本次实训任务。
2. 分组并选定组长。
3. 组员讨论并确定本组表演的主题（前厅、客房、餐厅三选一）。
4. 由组长对本组队员进行任务及角色分工。
5. 排练小品。
6. 模拟表演（2 课时）。
7. 组长对本小组案例进行点评。

实训点评

1. 采用的方法是否正确？
2. 什么样的做法能达到最好的效果。

旅行社篇

知识目标

- 掌握旅行社业务部门服务礼仪。
- 掌握导游服务过程中的礼仪要求。
- 掌握景区景点的接待礼仪。

技能目标

1. 能够结合一般的社交礼仪，做好旅游业务部门的接待工作，建立与其他旅游部门良好的沟通渠道，同时能够处理顾客的投诉等。

2. 能够在导游带团的过程中，遵守导游应有的行为规范和礼仪规范，做到礼貌待人，能够赢得良好的顾客满意度。

3. 能够在景区景点和购物商店的服务过程中，树立良好的待客礼仪。

想一想

超前服务

小路带团很少有客人投诉，还常常有表扬信。经理决定带大家到景点上去看看小路是怎么带团的。

大家在小路不知道的情况下观察了她带团的过程。许多人都觉得小路的导游也没有什么特别之处。然而，经理却从赵先生的笑容上猜到他已经看出了门道，于是就请赵先生谈谈自己的看法。

赵先生说："我觉得小路带团的诀窍并不在于景观的导游，而在于她和客人的交往。有一些细节，不知道你们注意到没有。比如，那位白头发的老先生咳嗽了一声，小路就赶紧上前去和他说了几句话。我不知道他们说的是什么，但是，从那位老先生和周围几位客人的表情可以看得出来，他们对小路说的话是表示了感激和赞赏的。”经理说：“等小路把团送走以后，我们再问问她说的是什么吧！”

过了一天，小路又拿着表扬信回到办公室，赵先生就问她那天对那位白头发的老先生说了些什么。小路想了想说：“也没有说什么呀，我只是问问他，是不是伤风感冒了，要不要去医院看一看？就是这些话吧！”

赵先生对大家说：“你们看，这就是小路带团的诀窍！那位老先生咳嗽了一声，小路就赶紧跑过去问他是不是伤风感冒了，要不要去医院看一看。这叫什么？这就叫‘超前服务’！”

那么，导游应该如何才能做到超前服务呢？

项目八　旅行社接待礼仪

任务一　旅行社业务部门服务礼仪

（一）旅行社与交通部门业务活动礼仪

旅游交通部门是决定旅行社出团成功与否的关键部门之一。旅游具有空间流动性，从某种意义上说，人们出外旅游，也是空间位移的过程。优质的旅游交通服务不仅可以确保游客的旅游计划顺利实施，同时也在很大程度上使游客在心理上产生满足感，提高对旅行社的评价。所以旅行社在与交通部门进行业务交往的过程中，良好的商业礼仪可以增加对方的好感度，提升业务水准，提高业务效率，使得旅游交通部门能够更好地为旅行社服务。

一般情况下，旅行社与旅游交通部门的业务联系由旅行社计调部门负责，在组团之后出团之前，旅行社要根据不同的行程和需要联系相关的旅游交通部门，组织出票工作。

1. 航空公司

飞机是旅行过程中主要的交通工具之一，用于较为长途的旅行距离或者针对特殊服务要求的旅行。航空公司有不同于其他旅游交通部门的订票手续和规矩。旅游团所乘飞机的班次、时间和机场的名称等信息都要确认清楚，避免带来出团时不必要的延误。旅行社计调部门应该确认交通票据是否定妥，有无变化；有无返程票；机场建设费的付款方式等。对于海外旅游团，要了解其国际机票有无国内段。如旅游团从北京出境，要弄清机票的种类。

(1) 初次合作见面礼仪。旅行社与航空公司在初次合作时，有必要由相关部门领导出面，与航空公司进行会面洽谈，表示对合作单位的尊敬和友好，从而给所要合作的航空公司留下良好的第一印象，建立良好的业务关系，以便将来更加愉快地合作。

一方面，旅行社的业务洽谈代表要注意自己的仪容、服饰、仪态、语言礼仪。因为这名旅行社工作人员在首次合作的航空公司眼里是整个公司的代表，其举止态度都代表了旅行社形象。

另一方面，旅行社在与航空公司的交际过程中要坦诚相待。航空公司的票务问题比起铁路和公路更为复杂，关于业务上的问题必须当面说清楚，不能含糊，避免日后不必要的麻烦。例如，对于订票的流程、确认的方式、付款的方式等问题，在合作过程中要遵守彼此的约定，不要因为单方面改变使得对方措手不及甚至带来不必要的损失。

（2）合作活动电话礼仪。对于已经建立长期业务关系的航空公司，一般采取电话订票方式，节省双方的办公时间，同时又能提高效率。因此，旅行社工作人员的电话礼仪就显得尤其重要。即使彼此是熟悉的业务伙伴，也应适用简单的问候语，口齿伶俐，用词文雅，简明扼要，表达意思准确。在使用专业术语时要确认对方确实了解自己所要表达的意思，不要因为使用省略的专业术语而使对方误解，要树立良好的公司形象。

严格按照合作的航空公司的程序与要求办理业务不仅是对对方公司以及工作人员的尊重，同时更是提高了自己的工作效率，否则耽误了游客的行程，经济损失以及信誉损失都要由自己负责。

2. 铁路部门

（1）订票礼仪。在组织好旅游团队之后，旅行社负责票务的人员首先要确定好出团的人数以及出票的种类；是卧铺还是坐铺，是直达还是转乘。这些都要根据游客的需求以及旅游团的档次而决定的，不能出错，否则会导致旅行社单方面不遵守合约的问题。

（2）换票礼仪。在旅游团出发之前，或者是在旅途过程中，如果有个别乘客由于特殊原因需要临时掉换座位或者换为更高级别的座位时，旅行社的工作人员应该及时与铁路公司联系并采取礼貌的方式说明不得已要换票的理由，积极配合铁路部门工作人员，最终达到使游客满意的目的。

3. 公路部门

旅行社经常联系的公路交通部门，一般指旅游目的地为游客提供在周边景区之间游览交通服务的旅游巴士公司。旅行社在与旅游巴士出租公司洽谈业务时需要注意以下礼仪：

（1）交代旅游团情况，彼此融洽配合。旅行社要主动与巴士公司说明其所要接待的旅游团的情况。例如，出发时间、参团人数等，以有利于彼此的合作。在出团过程中，如遇到不可预见的特殊情况，巴士公司在与旅行社联系并标明情况之后，旅行社的工作人员要积极配合，努力解决突发事件。

(2) 注意诚实守信，保持长期合作。旅行社在与旅游巴士公司的交际过程中要注意诚实信用。商务会谈难以避免有关利益方面的冲突和矛盾，但为了长期合作，双方不能只顾眼前利益，用期票或隐瞒事实的手段，失去合作伙伴的信任。

(3) 及时付给租金，树立信用商誉。旅行社应该按照事先约定的时间和地点及时支付租金，不可拖延。

(二) 旅行社与酒店业务活动礼仪

酒店是旅游业的三大支柱产业之一，为游客提供餐饮住宿设施，是旅游者实现旅游活动的重要设施之一。和旅游交通部门一样，作为旅行社重要的合作伙伴，酒店的服务同样决定着游客对于旅游的满意程度。旅行社与酒店之间的关系，直接影响到旅行社经营的业绩。尤其在旅游旺季或客房紧张时，旅行社和酒店的配合与协作至关重要。为了保持与酒店良好的业务关系，旅行社工作人员要注意以下几个方面的问题。

1. 酒店的选择

(1) 酒店规模与经营管理模式。旅行社要选择信誉好、规模较大的酒店作为长期合作的伙伴。此外，旅行社还应该合适酒店的营业资格，满足旅游团要求的设施及服务水平，酒店员工的专业素质、外语能力及酒店的经营模式和管理目标，以便于彼此商务关系的长期发展。

(2) 业界声誉。酒店的信誉是旅行社重点考虑的因素之一。酒店切实满足游客需求的服务水准及履行合同的信誉是双方合作的基础。旅行社可以通过经验或者社会舆论来考虑酒店业界声誉。

(3) 合作意愿。旅行社要选取有真诚合作意愿的酒店，这样能很大程度上避免在旅游旺季，酒店由于客房紧张而不主动履行与旅行社的合作合同。彼此应在追求长期的最大经济效益和双赢局面上达成共识。

(4) 客房报价。客房的价格直接关系到旅游者的切身利益，当然同时也关系到旅行社的经济效益。但是旅行社在选择合作酒店的时候，不能将报价作为唯一的衡量标准，也并不是报价越低越好，而应该把保证游客的食宿及服务质量放在第一位，从而避免使得旅行社的声誉遭受不必要的损失。

2. 销售部

在旅游团入住酒店之前，旅行社负责采购酒店产品的相关工作人员要与酒店的销售部联系。在与酒店商定的事宜包括订购所需要的房间数量、房间级别、房间的价格、打算入住的日期以及一切在入住前将涉及的问题。

(1) 信息准确，注意信誉。酒店产品不同于其他产品，具有不可储藏性特征。因而，旅行社的人员一定要确认入住酒店的日期和房间数量等细节，维护旅行社的信誉。

(2) 平等共事，互相尊重。旅行社在与酒店合作的过程中，要遵守平等的共事原则，尤其不能因为淡季旅游团数量骤降就表现出高姿态。双方彼此相互合作，既要考虑到自己的经济利益，同时也相应照顾对方的利益，寻求长期合作的途径。

3. 前厅部

旅行社在和酒店的商务往来之中，与前厅部接触得更频繁。无论是为游客登记、分房、换房，还是问询、叫早、留言、行李处理、退房等诸多问题，都要与酒店的前厅部联系和协商。所以，这些繁杂的事情决定了旅行社在与酒店往来中一定要注意其礼仪的规范性。

（1）登记、退房。游客入住后，首先由旅行社的全陪负责进行登记。全陪在与前厅部联系时要采用礼貌的语言，配合酒店大堂的和谐气氛。在办理入住手续时，要带齐相关证件和协议，以此来表明身份，提高工作效率。办理退房手续与办理入住手续一样，要注意礼节，在办好手续之后要表示感谢之意。

（2）分房、换房、行李搬运。全陪办理入住登记之后，地陪领取房卡，并且按照名单分配旅游团团员的房间。在分房、处理行李过程中如果出现有要求换房、行李分发错误等突发事情，全陪、地陪都避免不了再次和酒店工作人员联系，请求其帮助。旅行社人员要说明情况的特殊性，并对由此给对方带来的麻烦表示歉意和对给予的帮助致谢。

（3）叫早、留言。遇到游客需要叫早、留言等特殊服务时，旅行社人员要向前厅部的工作人员交代清楚并表示感谢。

4. 客房部

客房部是酒店的重要组成部分之一，它的服务是围绕游客住宿活动的产生而展开的。客人入住之后，酒店客房部的工作人员要为其提供日常服务，以便客人更加舒适地入住，从而更好地缓解旅途所带来的疲劳。所以，旅行社人员与酒店客房部的积极高效的联系和配合是十分有必要的。

（1）要求房间内部服务。旅行社在组团时就应该定下旅游团的级别和待遇，这同时也反映在客房的服务上。所以对于房间内部的需要，旅行社要事先向酒店的客房部讲明。例如，不同房间内各种设备的准备和更换的需求等。

（2）说明游客特殊需求。与酒店日常服务工作相比，游客有特殊的个性化需求，为此旅行社工作人员应逐一向客房部强调和说明，这不仅是旅行社的业务服务范围，更体现了旅行社的人文关怀，为树立旅行社的形象打下良好基础。同时也可避免因为个别游客的需求不能得到满足而导致其他相关人员的不悦，保证整个旅游团队旅游计划的顺利进行。

5. 餐饮部

（1）说明用餐标准。旅行社工作人员要根据组团时所签订的合同，向餐饮部交代用餐标准、需求的风格和口味、用餐的数量和分量等各方面的要求。在交谈时要注意语气的使用和语言的准确，以避免产生误会而引起争端或游客的不满。

(2) 提供特殊服务。对于有特殊服务或餐饮习惯的游客，旅行社方面要主动向餐饮部服务人员说明。在说明情况时，旅行社职员语速要尽量慢，用词要明确，态度要认真、仔细，不能有任何疏漏。旅行社和酒店方面要配合以达到客人的满意。

(3) 提出换餐请求。如果在入住酒店的过程中，有某位游客因为身体不适或其他特殊原因要求临时换餐时，旅行社的工作人员应该代表提出要求的游客与酒店的服务人员协商解决。为了尽快解决问题，满足游客的需要，旅行社的工作人员要积极配合餐饮部门，而不要用指挥或其他恶劣的语气，这样会使酒店的员工产生反感而耽误问题解决的效率和效果。

任务二　旅行社涉外礼仪

(一) 积极传播祖国文化

1. 保持国格人格，维护国家利益

参与涉外活动的旅行社从业人员不仅是中国旅行社企业形象的代表，也是中华民族形象和国家形象的代表。因此，旅行社从业人员在涉外交往中，要自尊自爱，维护政府形象、民族形象与国家形象；不卑不亢，善待和尊重对方；注重维护个人形象，着装得体，仪表堂堂；要廉洁奉公，恪尽职守，自觉维护国家利益，特别注意给对方留下良好的第一印象。

2. 规范个人形象，展现企业精神

个人形象，指个人在社会上形成的公众形象以及社会公众由此而产生的基本看法和作出的总体评价。注重形象的内涵与外延，展现良好的仪容、仪表举止、服饰、谈吐等方面的个人形象。

(1) 举止优雅适度。态度温和友善，举止适度，并符合本国习惯，符合服务对象国家的习惯，也合乎国际社会的习惯。适度减少肢体动作，表现出成熟稳重、从容大方的良好教养。

(2) 服饰得体。因人（兼顾自己与他人的关系，比如上下级之间、宾主之间、主角与配角之间）、因时（服饰应该具有现代感，根据情况而有所变化）、因景（活动的具体地点和环境、正式场合与非正式场合、服饰与周围环境和气氛）不同而不同。

(3) 谈吐规范。谈吐是指人们口头交往中的综合表现，不仅表现个人综合素质的高低，而且反映待人接物的风格和态度，在人与人之间的理解与沟通中至关重要。交谈中应注意用词谨慎，字斟句酌，措辞严谨；有来有往，委婉含蓄，应答自如。

(4) 尊重他人。尊重服务对象主要表现为以礼待人，平等待人，友善待人；尊重服务对象的风俗习惯，虚心学习对方长处。切勿自以为是，唯我独尊。尊重他人就是在尊重自己。

(5) 尊重自己。在涉外交往中首先要以实际行动来尊重自己。在任何情况下，都要表现出自尊、自爱与自信，谨慎而不拘谨，主动而不盲动；既自我约束又不手足无措。

(6) 爱护环境。国际交往中注重环保被视为有教养、讲文明的重要标志。不破坏自然环境；不损坏公物；不虐待动物；不随地吐痰；不乱扔废弃物；不随意吸烟；不随意制造噪声。

3. 真诚服务，宣传祖国自然与文化

真诚服务，是旅行社的立足之本、发展之源，也是构建和谐社会的重要保障。旅行社的工作人员作为旅游行业从业者是城市，乃至国家的形象大使，是社会主义精神文明的传播者。在游客接待过程中，要充分展示我国的风采，树立良好的形象，积极宣传我国值得骄傲的文化与自然遗产。

(二) 尊重当地文化传统和风俗习惯

1. 入国问禁，入乡随俗

(1) 了解服务对象。要做好旅游服务接待工作，必须了解各国的国情和民俗，懂得游客生活方式、饮食习惯以及爱好和忌讳，以便采取正确的服务方式，使游客乘兴而来、满意而归。不同国家、不同地区、不同民族有着不同的传统习惯和思维方式。

(2) 入乡随俗。作为涉外礼仪的基本原则之一，在涉外交往中要真正做到尊重交往对象，首先要尊重对方的风俗习惯。世界的各个国家、各个地区、各个民族在其历史发展进程中，形成了各自的宗教、语言、文化、风俗和习惯，并且存在不同程度的差异。“十里不同风，百里不同俗”，旅行社从业人员在涉外服务中要尊重外国友人的习俗，恰如其分地与外国游客沟通，表达亲善友好之意。

(3) 求同存异，遵守惯例。其一，“以我为主”，在涉外服务中基本上采用本国礼仪；其二，“兼及他方”，在涉外服务中基本采用本国礼仪的同时，适当采用服务对象所在国的相关礼仪；其三，“求同存异”，尊重服务对象所在国的礼仪习俗及国际通行的礼仪惯例。

(4) 以右为尊，遵守国际礼仪的普遍惯例。在并排站立、行走或就座时，主任主动居左，客人居右；男士居左，女士居右；晚辈居左，长辈居右。涉外宴会的桌次、席次排列，也遵守“以右为尊”的原则，通常以面对正门的方法定位。如果设两桌，则以右桌位主桌；如果设置多桌时，则面对正门位于主桌右侧的桌次，应被视为高于左侧的桌次。

对国际会议来说，主席台上位次的排列，也讲究“以右为尊”的原则，发言者所使用的讲台位于主席台的右前方，视为给发言者的礼遇。

2. 信守预订和承诺

(1) 守时。约会必须如约而至，让别人等候是不礼貌的。守时是现代人必备的素质和美德，不守时的人是不可以信任的人。遵守时间，准时到达，是事情得以顺利进行的良好开端；但也不要过早到达，因为对方可能尚未准备好；如果迟到了，必须向对方真诚道歉，不要作任何辩解，更不要强调迟到的理由。如发生意外情况，应该尽快尽早取消预订并表示歉意。

有些民族和国家稍有例外：俄罗斯人安排时间较随意；在中南美洲以及一些中东国家，只约定大概时间，按约定时间前往常常要等一个小时甚至更长时间；在阿拉伯国家，工作远不如家庭、朋友及信仰重要；亚洲许多国家的人很守时，他们常常会比约定时间提前几分钟到场，但有些菲律宾人经常迟到。

（2）守信。信用就是形象，信用就是生命。许诺兑现，是国际交往中必须遵守的取信于人、建立良好人际关系的基本前提。

为此需要注意：许诺要谨慎，考虑实现承诺的实际能力和客观可能性，保证有力量兑现诺言；如果违约，主动承担因违约而给对方造成的损失；即使因不可抗力而致，也要如实解释，郑重致歉，不可躲闪逃避责任。

3. 尊重隐私

尊重隐私是涉外礼仪的重要原则，是一个人具有良好教养的体现。尊重隐私包括：不问收入与支出；不问年龄，特别是对女性；不问恋爱婚姻；不问健康状况；不问家庭住址及宅电；不问个人经历；不问信仰与政见；不问所忙何事。

4. 热情有度

旅行社从业人员在与外国游客交往或服务时，既要热情友好，又要把握分寸，如果热情超出了对方所能接受的界限，便事与愿违，过犹不及，反而令对方感到不快。涉外服务中把握“度”体现在以下方面。

（1）关心有度。与中国传统文化所倡导的“关心他人比关心自己重要”有别，西方人大都崇尚个性独立，以我为尊，追求自由。因此，外国人一般不希望外人过于关心自己，对外国人来说“关心有度”就是个人自由。如果他人的关心有碍于个人自由，即被视为“过度之举”。尤其是被外国游客视为“个人隐私”的收入、年龄、恋爱婚姻、家庭住址、信仰政见等更不宜为表示关心而提及，不能以中国人自己表达热情的方式对待外国游客。

（2）批评有度。外国人大都独善其身，反对外人干涉自己的私生活，加之各国习俗不同，对同一事物的判断会大相径庭，所以在涉外活动中没有必要对外国人的所作所为加以评判，并当面指出其对错，只要对方的所作所为不危及人身安全，不触犯法律，不有悖伦理道德，不有辱我方的国格人格，一般均可听其自便。批评有度就是不轻易纠正外国游客的日常行为。

（3）交往有度。外国人强调个人自由，“君子之交淡如水”，不习惯于交往对象过于密切，在涉及钱财之时，尤其讲究划清界限，即便家人、至交也不例外。

（4）举止有度。与外国游客相处，不可使用拍肩膀、搭背等方式表示热情。

（5）距离有度。接待外国游客，双方相距过远，容易使对方感到冷漠，相距过近，又会使对方感到“被侵犯”，因此，要根据服务距离要求保持适度的空间距离。

5. 女士优先

女士优先是国际社会尤其是西方国家通行的交际惯例之一，有教养的成年男士积极主动地用实际行动去表示自己对女士的尊敬，并设法为女士排忧解难，表现出尊重、照顾、体谅、关心、保护女士的风度并对所有女士一视同仁，只有在少数东方国家是例外。

（1）尊重女性。与女士交谈使用尊称，谈话内容也要体现尊重女士，排定礼仪序列时，将女士排在男士之前。

（2）照顾和礼让女士。就座时男士请女士选择上座；用餐时优先考虑女士口味；外出时男士为女士携带重物；出入房间时男士为女士开门和关门，请女士先行；乘车时男士给女士开车门，让女士先上，男士则绕到另一侧的车门上车，下车时，男士先下，为女士打开车门，协助女士下车。上楼时，女士在前男士在后，下楼时，男士在前，女士在后，以便助行；进入电梯时，女士在前，男士在后；下电梯时，男士请女士先行；女士入座后，男士要帮助女士入座，当女士起立离座时，男士帮助女士把椅子先往后拉，待女士离座后，再把椅子推回；与女士共餐时，让菜和敬酒都按照先女士后男士的顺序；在女士面前，任何时候都不允许男士吸烟；道路上相遇，男士要为女士让道。

（3）保护女士。在一切艰难、危险的情况下，男士均应主动承担并竭尽全力保护女士。通过危险路段时，男子走在前列；在马路上行走时，男子行走外侧。

6. 时间安排

（1）工作日。绝大多数国家的工作日是周一到周五或周一到周六。由于宗教原因，以色列的工作日是周日至周五，星期五日落至星期六夜晚是犹太教的安息日，这一天是全国法定休息日；多数阿拉伯国家的工作日是从星期六到星期四，穆斯林的休息日是星期五。

上下班时间各国不同。美国的工作时间一般为 8：30～16：30 或 9：00～17：00，中午有半小时至一小时的午餐时间。韩国人的工作时间是从 9：00～20：00，其中下午 13：00～14：00 为午餐时间。欧洲人上班时间全身心投入，不超时工作。在日本和中国香港则不同，人们工作不分昼夜。日本的工作时间为 9：00～17：00，经常加班。

（2）节假日。穆斯林国家在斋月时的工作日安排较为宽松，不可在这时急于谈生意。欧洲重视节假日，每年有 4～5 周的休假时间，尤其是法国人常常在炎热的七八月外出度假旅游，如果在这时打扰他们会使他们不快。同中国的春节一样，如斋月、复活节等节假日的公历日期并不固定，要注意避开在这些日子里同相关人士进行商务活动。

7. 礼仪音乐

音乐是用有序的乐音随时间流动而形成的音响来创造艺术形象和意境，用以反映社会生活，表达人们思想感情的一种表情艺术。音乐以人的情感为核心，具有高度的概括性和丰富的表现力，延伸至人类情感世界的最深处。礼仪是一种社会行为规范，音乐是一种社会文化现象，两者的有机结合，在人际交往活动中有着积极的作用。

任务三　导游人员服务礼仪

一、迎送服务礼仪

（一）迎客礼仪

1. 接团准备

（1）了解基本情况，包括旅游团名称、领队情况、旅游团人数，团员姓名、性别、年龄、职业、国籍、民族、饮食习惯、宗教信仰及受教育程度等。

（2）了解接待标准，包括该团的费用标准和住房情况。

（3）掌握团队的游览日程和行程计划，包括抵、离旅游线路各站的时间以及交通工具类型和航班车次、接站地点等。

（4）熟悉景点介绍。熟悉旅游团途经的各城市和旅游点的情况，包括历史、地理、人口、风俗、民情等。了解客人所在国家或地区的历史、地理、文化、政治、经济及近期重要新闻等。

（5）领取和备齐身份证、工作证、导游证、导游图、导游胸卡、个人名片、通信录、记事本、喇叭、导游旗、接站牌和旅途备用金。若去边境口岸、特区等地，还需事先办理有关的通行证。

（6）地陪要适时核对接待车辆、就餐安排、交通购票等落实情况，要确定与接待车辆司机的接头时间和地点。

2. 接站服务

（1）导游员应按规定着装，佩戴导游胸卡、打社旗并持接站牌，提前至少30分钟到达机场、车站或码头。

（2）客人抵达后，导游员要主动持接站牌上前迎接，先自我介绍，再确认对方身份，寒暄问候，核对团号、实际抵达人数、名单及特殊要求等。

（3）引导客人乘车。要尊重老人和女性，爱护儿童。

（4）导游协助客人上车就坐后，应礼貌地清点人数，注意不要用手指点数，待一切无误后请司机开车。

（5）在途中应代表组团社或地接社及个人致欢迎词。致辞应包括热情的欢迎、诚恳的介绍（导游和司机）、提供服务的真诚愿望以及预祝旅途愉快的祝愿等内容。

（6）在前往饭店的路上，导游要注意观察客人精神状况，如客人精神状况较好，可就沿途景观进行介绍，并向客人介绍日程安排、活动项目及停留时间等。

（7）抵达饭店途中，导游要向客人介绍所住饭店的基本情况，包括饭店的历史、等级、建筑面积、客房数量、地理位置、各项设施及服务项目等有关情况。

3. 入住服务

（1）导游员要协助团队办理入住手续，协助领队分配住房。分发房号后，导游员要了解客人住房位置、安全通道等，记住领队房号，同时将自己房号、电话告知领队及游客。

（2）核对客人的行李件数，同时督促行李员把客人的行李送至客人房间。

（3）要了解客人的健康状况，以便给予适当的照顾和安排。

（4）客人进房前应先介绍就餐形式、地点、时间及有关规定（如酒水费用是否需要自付等），并简单介绍游程安排，宣布第二天日程细节。

（5）客人用第一餐时，导游员要亲自带领他们进入餐厅，介绍用餐的有关事项。

（6）及时处理客房存在的问题。客人进入客房后，导游员应对客人行李是否未到或发错，房间是否清洁卫生，门锁有无故障，热水供应、空调运转是否正常等问题再次核实。

（7）如有需要，安排好叫早服务。

（二）送客礼仪

（1）旅游团离开本地之前，导游员应根据客人离去的时间，提前预订下一站旅游或返回的机（车、船）票；客人乘坐的车厢、船舱尽量集中安排，以利于团队活动的统一协调。

（2）送客前安排好结算、赠送礼品、摄影留念、欢送宴会等事宜。赠送礼品应方便携带，突出地方特色，具有保存价值。

（3）协助办好行李交接。离开饭店前，导游员应提醒客人整理好自己的物品，打好托运的行李。

（4）出发前，要提醒客人不要遗忘自己的物品，不要带走房卡。上车后，仔细清点客人人数。要将客人的各种证件、护照等，亲手交给客人或领队。

（5）致欢送词，应使对方感受到自己的热情、诚恳、有礼貌和有教养，祝大家旅途愉快。

（6）按导游工作程序规定的时间要求到达机场（车站、码头）：送国内航班，应提前1.5小时到达机场；送国际航班，应提前2小时抵达机场；送火车或轮船应提前1小时到达车站或码头。

（7）火车、轮船开动或飞机起飞后，应向客人挥手致意，祝客人旅途一路平安，然后再离开。若客人乘坐的车、船、飞机晚点，应主动关心客人，必要时须留下与领队共同处理有关事宜。

二、带客游览服务礼仪

1. 出发前服务

（1）导游员应提前到达集合地点，并督促司机做好出发前的各项准备工作。

（2）核对、商定活动安排。在带客游览之前，导游员应与领队商定本地活动安排并及时通知客人。

（3）出发前，导游员应在客人就餐时向客人表示问候，向客人报告当天天气情况，并了解客人身体状况，重申出发时间，乘车或集合地点，提醒客人加带衣服、换鞋，带好必备用品如手提包、摄像机、照相机及贵重物品等。

（4）客人上车后，导游员应及时清点人数，若发现有人未到，应向领队或其他团员问清原因，并将不参加活动的客人人数、姓名、原因及房号通知旅行社；若有有病不能参加活动的客人，须交代清楚是否需要医生治疗等；若出发时间已过，又不知未到者在何处，则应征求领队意见决定是否继续等候，若决定不等，导游员必须将情况通知旅行社内勤处理。

2. 乘车服务

（1）出发乘车时，导游员应站在车门口照顾好客人上车，要主动帮助客人提拿物品，并轻轻放在车上。对客人中的老幼弱残者，要特别细心地予以照顾，上下车时，应主动照顾搀一把或扶一程。客人中有男有女时，应照顾女士先上车。

（2）引导客人乘车，要注意位次。若乘小轿车，应安排年长或位尊者坐在车后排右边位置，导游员坐在后排左手位置或司机旁边。乘面包车，其座位，以司机之后车门开启处第一排座位为尊，后排次之，司机座位前排座位为小；中型或大型巴士，以司机座后第一排，即前排为尊，后排依次为小。其座位的尊卑大小，依每排右侧往左侧递减。

3. 途中服务

（1）在去旅游点的路上，导游员切忌沉默不语，要向客人介绍本地的风土人情、自然景观，特别是沿途的景象，回答客人提出的问题。

（2）抵达景点前，应向客人简要介绍景点的概况，尤其是景点的历史、价值和特色。还可根据客人特点、兴趣、要求穿插一些历史典故、社会风貌等，以增加客人的游兴。

（3）到达景点时，应告诉客人该景点停留的时间、集合的时间和地点以及有关注意事项，如卫生间位置、旅游车车号以及保管好钱物等。

4. 游览服务

(1) 带客游览过程中，导游员要认真组织好客人活动。应保证在计划的时间与费用内让客人充分地游览、观赏，做到讲解与引导游览相结合、适当集中与分散相结合、劳逸适度，并特别照顾老弱病残的客人。导游过程中要照顾全体客人，不可只和一两个人说话而冷落了其他人。

(2) 游览过程中，导游员的讲解要力求准确，应包括该景点的历史背景、特色、地位、价值等方面的内容，做到条理清楚、繁简适度。语言要生动形象，富于表现力。

(3) 导游讲解时，表情要自然大方，声音大小要适中，使用话筒音量、距离要适当，讲解时可适当做些手势，但动作幅度不宜过大，不得手舞足蹈、指手画脚。

(4) 游览途中，导游员要特别注意客人的安全，要自始至终与客人在一起并随时清点人数，以防客人走失。要提醒客人看管好所带财物，防止发生丢失、被盗现象。对于行走困难的地方，要陪伴照顾好年老体弱者，以防发生意外，客人提出要求需要帮助时，应尽可能使客人满意。

(5) 与客人交谈时，一般不要涉及疾病、死亡等不愉快的话题；不谈荒诞离奇、耸人听闻、黄色淫秽的事情；对方不愿回答的问题，不要追问；遇到客人反感或回避的话题，应表示歉意并立即转移话题；与外宾交谈，一般不议论对方国家的内政；不批评、议论团内任何人；不随便议论宗教问题；与女宾交谈要谨慎，不要开玩笑；对顾客不要询问对方收入、婚姻状况、年龄、家庭、个人履历等私人问题。

5. 返回途中服务

(1) 全天活动结束后，返回途中，导游员要向客人宣布第二天的活动日程，早餐的时间与地点以及出发时间、地点等。

(2) 抵达饭店后，导游员要主动向领队征求意见，了解客人对当天活动安排的反应，对当天遇到的问题要与领队和客人共同协商解决。

(3) 与客人告别时，要表达良好的祝愿。

(4) 向饭店前台确认叫早服务时间。

三、带客购物服务礼仪

(1) 根据旅游团客人的要求，合理安排客人购物。如无此要求，不得强加于人。

(2) 去购物途中，要向客人介绍本地商品的特色，教客人鉴别商品的知识，当好客人的购物顾问。下车前，要交代清楚停留时间及有关购物的注意事项。

(3) 注意前后态度要一致，不能介绍景点时简单、敷衍，讲到购物就热情高涨，这样，会引起客人的猜疑和不信任。

(4) 导游员应严格遵守导购职业道德，应将客人带到商品质量好、价格公平合理的商店，而不应该唯利是图，为了一点“好处费”，昧着良心违背职业道德，与不法经营者相互勾结，从而损害旅游者的利益。

（5）如遇小贩强拉强卖，导游员有责任提醒客人不要上当受骗，导游本人不得向客人直接销售商品，不能要求客人为自己选购商品。

四、导游语言服务礼仪

（一）导游语言的基本要求和运用原则

1. 运用导游语言的基本要求

（1）语音、语调要适度、优美。在讲解过程中，导游员的声音要适度，不高不低，以使在场的客人听清为宜。

（2）要正确掌握语言节奏。导游语言的节奏涉及说话的快慢、语句的停顿及声调的高低，节奏运用得当，不仅使旅游者听得清楚明了，而且可以使他们心领神会，情随意转，从而收到良好的信息传递效果。

（3）合理运用修辞手法和格言典故。导游员在导游讲解中运用比喻、拟人、夸张、排比等修辞手法，并恰当地使用旅游者所熟悉的谚语、俗语、歇后语、格言、典故等。

（4）善于察言观色，注意把握时机。导游员在与旅游者谈话时，要能听话听音，随机应变，就地取材引出新的话题。

2. 导游语言的运用原则

（1）准确。导游语言应当准确，这是导游员在导游讲解时必须遵守的基本原则。

（2）清楚。导游语言的清楚性原则要求导游员在讲解和交谈时，口齿清楚，简洁明了，确切达意，措辞恰当，组合相宜，层次分明，逻辑性强。

（3）生动。旅游者在旅途中追求的是轻松愉快，在游览中向往的是导游员活泼风趣的讲解。

（4）灵活。导游讲解的灵活性原则要求导游员根据不同的对象和时空条件进行讲解，注意因人而异，因时制宜，因地制宜。

（二）致辞服务礼仪

1. 欢迎词

（1）欢迎词的基本内容。专业的欢迎词大多包括以下几个基本要素：

①向团队客人问候，并代表旅行社表示热烈欢迎。

②自我介绍，包括自己的姓名和职务，司机的姓名和所驾车的牌号以及其他参加接待人员的姓名和职务。

③简要介绍当地风土人情和游览目的地的基本情况以及接团后的大致安排，使旅游者心中有底。

④表明自己的工作态度，即愿竭尽全力为客人搞好导游服务。

⑤祝愿客人旅行愉快，并希望得到客人的合作与谅解。

（2）欢迎词的常用模式。风趣式、闲谈式、感慨式、朗诵式、猜谜式、讲故事式。

2. 欢送词

欢送词是旅行游览过程结束后，导游员为表示惜别、感谢合作、征求意见、期待重逢所作的口头演说。欢送词主要包括如下几个方面的内容：

（1）表示惜别之情。不少游客在短短数天的游览中，已成了导游员的朋友，分别时依依不舍。

（2）对游客的配合与支持表示感谢。一次成功的旅游活动是旅游者与导游员双方共同合作、共同努力的结果。

（3）欢迎批评。在旅游接待过程中，难免在服务中有欠缺和言行不当的地方，通过欢送词也可向游客表示歉意，以求得他们的谅解。同时，也应表示出“欢迎批评”的意思，征求意见、欢迎批评往往会给游客留下非常好的印象。

（4）期待下一次重逢。可引用些名言、谚语等有文采的语言，表达一种“愿意再见”的情感，这是欢送词的另一要素。

五、突发事件处理礼仪

1. 路线与日程变更

旅游计划和活动日程一旦商定，各方面都应严格执行，一般不轻易更改。但是有时一些天气突变、交通问题等不可预料的因素迫使旅游计划、线路和活动日程变更。

（1）如遇接团社没有订上规定的航班、车次的机车票，而更改了航班车次或日期，应向客人作好解释，并提醒接团社，及时通知下站。

（2）如遇天气或其他原因，临时取消航班，不能离开所在城市时，应注意争取领队合作，稳定客人情绪，并立即与内勤联系，配合民航安排好客人的用餐和休息问题。

（3）如遇景点关闭等特殊情况，不得不改变活动项目，导游员应该以精彩的介绍、新奇的内容和最佳的安排激起游客的游兴，让他们高兴地随导游员去游览替代景点。

2. 行李丢失和损坏

（1）当在机场发现行李丢失，应凭机票及行李牌在机场行李查询处挂失，并保存好挂失单和行李单，将遗失者所下榻的饭店的名称、房间号、电话号码告诉查询处，并记下查询处的电话、联系人和航空公司办事处的地址、电话，以便联系。

（2）如行李在接团后丢失，应冷静分析情况，先设法寻找。若未找到，应把详细情况向旅行社领导汇报，由旅行社安排内勤、外勤和其他工作人员帮助寻找丢失的行李。

（3）行李损坏，应掌握谁损坏谁赔偿的原则。一时查不清责任，应答应给受损失者修理或赔偿，费用掌握在规定标准内，请客人留下书面说明，发票要由地陪签字，以便向保险公司办理索赔。

3. 旅游者病危或死亡

(1) 旅游者病危时，导游员要及时向接团社汇报，积极组织抢救。

(2) 尽快与旅行社取得联系，报告情况，并请社里派人到医院照料病人。

(3) 如患者病危而其亲属又不在国内者，应请领队迅速与患者所属国家的驻华使、领馆联系，请其做主或电告病人家属，凡事听他们的意见，导游人员从旁协助。

(4) 患者需要住院动手术时，应征得患者亲属、领队或使、领馆代表同意并签字后方可进行。

(5) 如在医院抢救无效死亡，由参加抢救的医师向死者亲友、领队、当地旅行社代表详细报告抢救经过，并写出《抢救经过报告》及《死亡诊断证明》，由主治医师签字盖章后交领队或死者亲属，同时复制三份交给有关部门和人员收存。

(6) 如果是非正常死亡，导游员要保护好现场，立即向公安局和旅行社报告，协助查明死因。

(7) 导游员应协助领队清理死者遗物，开列清单，各方签字，让亲属或领队带回。

4. 旅游者财物被盗

(1) 旅游者如丢失护照，导游人员应首先详细了解丢失情况，找出有关线索，努力寻觅。

(2) 如发现客人财物短缺，应迅速了解物品丢失前后经过，作出正确判断，是失主不慎丢失，还是被盗。

5. 交通事故

(1) 立即组织抢救。电话呼叫救护车或立即拦车将伤员送往距出事地点最近的医院抢救，并立即向接团社和组团社汇报，请示事后处理意见。

(2) 保护现场。保护现场肇事痕迹，不要在忙乱中破坏现场，尽可能防止肇事者逃跑，以便交通警察和治安部门调查处理。如果有两个以上导游员在场，可由一个指挥抢救，一个留下保护现场。

(3) 迅速报告交通、公安部门（交通事故报警电话122），让其派人前来调查处理，同时，向旅行社报告事故的发生和伤亡情况，请求派人前来指挥事故的处理，并要求派车前来把未受伤和轻伤者接送至饭店。

(4) 做好全团人员的安定工作。事故发生后，除有关人员留在医院外，应尽可能使其他团员继续按原定活动计划参观游览。

(5) 做好事故善后工作。交通事故的善后工作将由交通、公安部门和旅行社出面处理，导游人员应照顾好受伤游客，写好事后情况报告，请医院开具诊断和治疗书，请公安局开出交通事故证明书，以供客人向保险公司索赔。

(6) 交通事故处理就绪或该团接待工作结束后，导游员应写出书面报告，详细报告事故发生的时间、地点、性质、原因、处理经过、最后结论，司机的姓名、车型、车号、伤亡情况、医生诊断结论、治疗情况等。

6. 其他特殊情况

如发现客人就餐后出现头晕、头痛、恶心、呕吐等不适症状，导游人员除立即劝阻客人停止进餐外，应迅速护送客人前往医院就诊，同时尽快报告接团社和卫生检疫部门，妥善安排善后处理事宜。

项目九　景区接待礼仪

任务一　景区服务礼仪

(一) 景区服务礼仪的素质要求

(1) 树立正确的人生观和世界观，全心全意为游客服务。

(2) 树立正确的专业思想，热爱并做好本职工作。

(3) 树立高尚的职业道德，遵守各项规章制度，了解并遵守涉外秩序；热情友好，顾客至上；真诚公道，信誉第一；文明礼貌，优质服务；不卑不亢，一视同仁，顾全大局；钻研业务，提高技能。

(4) 具有一定的文化修养和外语能力，熟悉岗位上的业务和工作要求，交接相关知识；有积极向上、努力进取的精神，不断提高自己的业务能力和知识水平。

(二) 景区服务人员礼仪规范

(1) 着装仪表。根据企业要求统一着装。保持服装整洁，皮肤光洁，纽扣完好，装束配套，标志、工号佩戴规范、醒目；发型大方，面容整洁，化妆适度，饰物佩戴符合规定；形象庄重大方，精神饱满，举止文雅得体，有良好的站姿、坐姿和行走姿势。

(2) 主动。服务积极主动，不分内外，发现问题及时解决，不拖延。

(3) 耐心。繁忙之中不急不躁，对事情不推诿，不怕麻烦；在发生矛盾时善于克制；客人在游览中遇到的问题要认真答复、解决。

(4) 周到。关心病残，一视同仁，妥善细致。

(5) 热情。面带微笑，自然适度，亲切和蔼，稳重端庄，落落大方。

任务二　旅游购物商店服务礼仪

(一) 旅游购物商店员工的素质要求

1. 注重仪容、仪表

旅游购物商店员工是直接面向客人、为客人服务的。商场的环境如何，服务人员

的形象如何，将直接影响客人的购物心理。因此，不但商场应保持地面、货柜、商品的整洁，商品放置美观有序，而且服务人员要服装整洁，仪容端庄大方，举止规范、自然，体现出商场的欣欣向荣和对客人的尊重。

2. 一视同仁、微笑服务

旅游购物商店员工，必须将微笑服务作为自己的职业习惯，礼貌周到地为客人服务。对于到商场购物的客人，必须一视同仁热情欢迎，以礼相待。坚持“顾客至上、质量第一”的服务宗旨，使顾客在情感上真正感受到“购物是享受”的浓浓亲情氛围。

3. 要有相应的知识

旅游购物商店员工应该提高职业素质，主要包括：商场的行业信息；服务业的职业道德；涉外人员准则与外事纪律；商场员工的基本职业要求；个人卫生与仪容、仪表标准；礼貌常识与外事礼节训练；人际关系处理技巧等。

商场员工要求掌握1～2门外语，这是与不同国籍顾客进行语言沟通必要的业务要求。对于不同层次的员工，要求掌握外语的语种、熟练程度、听说读写的能力也各不相同，但英语作为国际通用语言，要求商场员工都必须基本掌握日常用语。

4. 吃苦耐劳的精神

旅游购物商店的营业时间有别于社会一般商场。为充分利用早、晚的黄金时间，一般营业时间都要从早到晚，远远长于社会商场。这就要求旅游购物商店员工必须具有吃苦耐劳精神，在长时间的工作情况下，保持良好的心态，向客人提供优质礼貌的服务。

5. 熟练的业务技能

由于商店客流量呈不均衡性，忙和闲的反差较大。服务人员闲时不应无所事事，忙时应镇定自若，熟练操作，应付自如，重点服务，照顾其余。既不要因只顾应付眼前客人而冷落了其他客人，也不要慌慌张张。这就需要旅游购物商店服务人员要熟悉本职工作业务范围，熟练运用操作技能、胜任本职工作。

（二）旅游购物商店员工礼仪规范

1. 旅游购物商店营业员服务礼仪

（1）主动热情、耐心周到，接待客人要面带微笑。

（2）环视柜台橱窗，注视每位客人的动向和视线，端正姿势等待客人前来选购商品。

（3）当客人购物时，要使用礼貌用语。

（4）耐心向客人介绍商品的特点、性能、用途、产地、价格等情况，了解客人的需要。

（5）对顾客提出的各种问题要详细地解答，注意了解顾客的需要。

（6）树立“顾客至上、服务第一”的意识。

(7) 结账时，收款时，款项要准确无误；要将客人所购商品和价格重复一遍，以免发生差错，货款交付无误后，将所包好的商品交给顾客，向客人道别，使其满意离去。

2. 营业员仪表礼仪

(1) 着装。

①着装应整洁、大方，颜色力求稳重，不得有破洞或补丁。纽扣需扣好，不应有掉扣，不能挽起衣袖。

②商场、职能部室驻点员工上班必须着工衣。工衣外不得着其他服装，工衣内衣下摆不得露出，非因工作需要，不得在商场、办公室外穿工衣。

③男员工上班时间应着衬衣、西裤、系领带。女员工应着有袖衬衫、西裤、西装裙或有袖套装。

④上班时间不宜穿短裤、短裙及无袖、露背、露胸装。

⑤上班时间必须佩戴工牌，工牌应端正地佩戴在左胸适当位置，非因工作需要不能在商场、办公场所以外佩戴工牌。

⑥男员工上班时间应穿深色皮鞋，女员工应穿丝袜、皮鞋。丝袜不应有脱线，上端不要露在裙摆外。鞋应保持干净。不能穿拖鞋、雨鞋或不穿袜子上班。

(2) 仪容。

①注意讲究个人卫生。

②头发应修剪整齐、保持干净，禁止梳奇异发型。男员工不能留长发。禁止剃光头、留胡须。女员工应留长发且以发带或发卡夹住。

③女员工提倡上班化淡妆，不能浓妆艳抹。男员工不宜化妆。

④指甲修剪整齐、保持清洁，不得留长指甲，不准涂指甲油。上班时间不得喷香水。

⑤上班前不吃葱、蒜等异味食物，不喝含酒精的饮料，保证口腔清洁。

⑥进入工作岗位之前应注意检查并及时整理个人仪表。

(3) 表情、言谈。

①待人接物时应保持微笑。

②接待顾客及来访人员应主动打招呼，做到友好、真诚，给其留下良好的第一印象。

③与顾客交谈时应全神贯注、用心倾听。

④提倡文明用语，“请”字、“谢”字不离口，不讲“服务禁语”。

⑤通常情况下员工应讲普通话。接待顾客时要使用相互都懂的语言。

⑥注意称呼顾客、来访客人为“先生”“小姐”“女士”或“您”，如果知道姓氏的，应注意称呼其姓氏。指第三者时不能讲“他”，应称为“那位先生”或“那位小

姐”或“女士”。

（4）举止。

①应该保持良好的仪态和精神面貌。

②坐姿应端正，不得坐在工作台上、坐椅扶手上，不得盘腿或跷二郎腿。

③要保持良好的站姿，身体不能东倒西歪。

④与同事行走不得勾肩搭背，与顾客相遇应靠边行走，不得从两人中间穿行。请人让路要讲对不起。非工作需要不得在工作场合奔跑。

⑤不得当众挖耳、抠鼻、修剪指甲，不得敲打柜台、货架、商品，不得跺脚、拖鞋、伸懒腰。

⑥不得用眼神或物品为顾客指引方向。用手指示方向时，要用手掌不能用手指，掌心要自然向上。

⑦上班时间不得说笑、闲聊，不得大声说话、喊叫。不得哼歌曲、吹口哨。

⑧注意自我控制，在任何情况下不得与顾客、客户或同事发生争吵。

⑨各级管理人员不得在顾客或客户面前斥责员工。

⑩上班时间不能吃东西或看与工作无关的书报。

3. 为顾客服务时的礼仪

（1）采用站姿的场合。

①为客人服务的站姿，俗称“接待员的站姿”。

②在自己的工作岗位上接待服务对象时，营业员可以采用站姿。

（2）注意事项。

①头部可以微微侧向自己的服务对象，但一定要保持面部的微笑。

②手臂可以持物，也可以自然地下垂。

③在手臂垂放时，从肩部至中指应当呈现出一条自然的垂线。

④小腹不宜凸出，保持良好站姿。

4. 柜台营业员的站姿礼仪

（1）柜台营业员的待客站姿。待客站姿也叫做“长时间站姿”“障碍物挡身时的站姿”或稍息。当一个人长时间持续不断地采用基本站姿之后，难免会有疲惫感。在柜台后站立，经常就会碰到这一情况，在情况允许时，正确地采用柜台待客的站姿，以便更好地使营业员稍作休息。这种站姿可以使营业员不失仪态美，又可以减缓其疲劳。

（2）注意事项。

①手脚可以适当地进行放松，不必始终保持紧张的状态。

②可以以一条腿为重心的同时，将另外一条腿向外侧稍微伸出一些，使双脚呈叉开状。

③双手指尖朝前轻轻地扶在身前的柜台上。

④双膝要尽量地伸直，不要令其出现弯曲。

⑤肩、臂自然放松，在敞开胸怀的同时，一定要伸直脊背。

5. 恭候顾客站姿礼仪

（1）恭候顾客的站姿。

①恭候顾客的站姿，又称“等人的站姿”或“轻松的站姿”。

②当营业员在自己的工作岗位上尚且无人接待，或者恭迎服务对象的来临时，大都可以采用这种站立的姿势。

（2）注意事项。

①双脚可以适度地叉开，两脚可以相互交替放松，并且可以踮起一只脚的脚尖。

②肩、臂自然放松，手部不宜随意摆动。

③上身应当伸直，并且目视前方。

④头部不要晃动，下巴须避免向前伸出。

6. 营业员服务礼仪

（1）导购服务。

①客人来到商场门口，服务员应面带微笑，亲切迎接。大方、自然地引导客人进入商场浏览观看商品。常客、贵宾能称呼姓名，照顾周到。

②客人购买商品离开商场，主动表示祝贺，告别客人，欢迎再次光临。

③客人询问有关商品种类、质量、价格、商标等，回答应主动、准确，有问必答。

（2）协调配合。

①导购人员应注意商场客人购物动态和商品安全，与前厅售货员和收款员配合密切。

②堆存商品，货架商品紊乱，应随时协助整理，发现可疑现象或极个别不法人员进入商场时，提高警惕。

③遇有特殊情况或不法分子作案，通知保安部人员及时、妥善处理。

7. 营业员礼貌用语使用礼仪

（1）营业员须知的一般服务用语。

①暂时离开柜台时，应说“请您稍等一下”。

②重新回到柜台时，应说“真对不起，让您久等了”。

③自己疏忽或没有解决办法时，应说“真抱歉”或“对不起”。

④提供意见让顾客决定时，应说“若是您喜欢的话，请您……”。

⑤希望顾客接纳自己的意见时，应说“实在是很抱歉，这个意见您看怎么样……”。

⑥当提出集中意见请问顾客时，应说“您的意思怎么样呢?”。

⑦遇到顾客抱怨时，应仔细聆听顾客的意见并予以记录，如果问题严重，不要立即下结论，而应请主管出面向顾客解释，其用语为“是的，我明白您的意思，我会将

您的建议汇报经理并尽快改善”。

⑧在店门口遇到购买了本店商品的顾客时，应说“谢谢您，欢迎再次光临。”（面对顾客点头示意）。

⑨收银空闲，面对还在其他收银台等候结账的顾客，应说“欢迎光临，请您到这里来结账好吗?”。

（2）收银员的禁忌。

①收银员在为顾客进行结账服务时，从头到尾不说一句话，只是闷着头收银，脸上也没有任何表情。

②找钱给顾客时，没有用双手将零钱及发票交给客人，而是将发票及零钱放在收银台上。

③收银员彼此互相聊天、谈笑，当有客人走来时，往往不加理会或自顾自地做事。等到顾客开口询问时，便以敷衍的态度回答，然后继续聊天或做自己的事。

④当顾客询问时，只是让对方等一下，即离开不知去向。由于没有告诉对方离去的理由，使顾客不知所措，到底要不要等或要等多久。

⑤当顾客在收银台等候结账时，负责该柜台的收银员突然告知顾客：“这台机不结账了，请到别的收银台去”，立即关机离开。让排队的顾客浪费了许多等候的时间又必须重新排队。

8. 营业员施展微笑服务标准

（1）要有发自内心的微笑。微笑是一种愉快心情的反映，也是一种礼貌和涵养的表现。

（2）要排除烦恼。一位优秀的营业员脸上总是带着真诚的微笑，营业员必须学会分解和淡化烦恼与不快，时时刻刻保持一种轻松的情绪，把欢乐传递给顾客。

（3）要有宽阔的胸怀。营业员要想保持愉快的情绪，心胸宽阔极其重要。接待过程中，难免会遇到出言不逊、胡搅蛮缠的顾客，营业员一定要记住“忍一时风平浪静，退一步海阔天空”。

（4）要与顾客进行感情沟通。微笑服务，并不仅仅是一种表情的表示，更重要的是与顾客感情上的沟通。当你向顾客微笑时，要表达的意思是“见到您我很高兴，愿意为您服务”。

项目回顾

本篇主要介绍旅行社等旅游部门人员在接待过程中应该注意的礼仪规范，尤其介绍了旅游业务人员、导游、景区景点的服务人员及旅游购物商店的服务人员。要让我国旅游业给来自全世界各地的顾客留下美好的印象，作为旅游业三大支柱之一的旅行社同样也不可以怠慢，只有与其他旅游部门建立良好关系，配合酒店服务，才能让旅游业的发展更为健康有序。

案例分析

K 先生是一位英语导游员，带团的阅历比较丰富，他既接待过中国游客，也接待过外国游客。他从客我交往的角度，对接待中外游客的难易程度作了一个比较。K 导游员说："一般说来，接待外国游客的难度要大一些，起码你要讲人家听得懂的语言，你也要懂一些人家的历史文化与风俗习惯。可是，外国游客来到中国，对他们来说就是到了异地他乡，所以往往比较矜持，导游员与游客之间彼此客气，产生矛盾的机会也比较少，很少为小事出现摩擦。带国内旅游团不一样，大家是同胞，彼此都知道对方大概是怎么回事，没有那么多的客气，一旦有冲突，直截了当，所以有时候这分寸反倒不好掌握。那年"五一"，我带过的一个安徽旅游团，其中一位女游客为了一点不愉快的事情，在餐厅里和我大吵大闹，弄得我很是尴尬，因为那情景要是让不知情的人看了，会以为是我欺负了她呢！其实，事情的起因很简单，游故宫的时候，那位女游客带着孩子去买饮料，结果掉了队。正是节日期间，紫禁城里人山人海，人走丢了一时找不回来也是难免的事情。后来，还是我和全陪导游组织人把她们找了回来。那位女士可能是受到了惊吓，任由我怎么向她诚恳道歉，向她细心解释，她就是不能原谅。游客是心里一股气儿，外表一股劲儿，表里呼应，仿佛这件事怎么也过不去了似的。吃中午饭的时候，那位女士大概是越想越生气，菜刚一端上来，还没等到同桌其他游客动手，这位妇女突然站了起来，愤愤不平地说：'不吃了，不吃了！我咽不下这口气！'接着，她拉起自己的孩子，绕开餐桌，站在餐厅里叫嚷起来。我赶紧跑过去，问她有什么要求。这位女士根本不理睬我，她高声向餐厅里的人讲述她上午在紫禁城里走失的'遭遇'和'感受'，诉说自己当时找了一个多小时没有找到队伍，大人急，孩子哭，叫天不应，叫地不灵，直到最后讲得声泪俱下，泣不成声。这其实是团里其他游客已经知道了的事情。但是当时在餐厅里用餐的人，并不都是我们这个旅游团的，许多人停住筷子在听她的讲述，有些人对她很同情，也很为她捧场。其实，我也是很同情这位游客的。可经她这么一闹，餐厅里的秩序也乱了。我劝那位女士先照顾孩子吃饭，有什么事等吃完饭再说不迟。可是她正在气头上，一时劝不住，我只好一面硬着头皮听她宣泄，一面悄悄地躲在旁边，我怕她气急败坏不当心伤了孩子，结果我也没能吃好饭。令我感动的是，我那个旅游团里，没有一个客人跟着起哄。过了一会儿，那女士的火气消了，也许是闹累了，反正高潮总算过去了。我赶紧动员了几个能和那女士说上话的游客过去劝解，那几个游客早就觉得此人已经闹得没了边儿，趁她消了火，立刻上去劝开了她。那件事，是我做导游员以来遇到的最没面子的一件事。不过说实话，咱可没跟那位女游客计较，自始至终都没有因为她大耍脾气而怠慢了她们娘儿俩。"

K 导游员做得对，临场冷静，应对得也不错。这段故事，为"小不忍则乱大谋"

这句老话作了新的注释。导游员与游客交往，要练好两项基本功：一项叫做“引导”，另一项叫做“克制”。导游员对游客，主要是发挥“引导”的作用，这个作用这里不谈。单说这个“克制”，你只要仔细揣摩一下K导游员叙述这个故事时所发的感慨，听一听他的弦外之音，品一品他的言外之意，就不难想象其影响和难度。导游员关于中国游客和外国游客的比较，确实是经验之谈，新导游员应该对此认真思考一番。

课后思考与练习

一、填空题

1. 旅游性的主要业务部门有：______、______、______。
2. 导游带客游览的礼仪有：______、______、______、______、______。
3. 导游语言的运用原则有：______、______、______、______。
4. 营业员暂时离开柜台时，应说：“______。”
5. 营业员施展微笑的服务标准是：______、______、______、______。

二、简答题

1. 用自己的话说说如何才能做一名合格的导游，又如何才能做一名优秀的导游。
2. 用自己的话谈谈旅游景区景点的优质服务有何重要的意义？

实训应用

实训名称

导游接站服务

实训目的

1. 能准确认找旅游团。
2. 能做好首次沿途导游。

实训内容

1. 认找旅游团。
2. 首次沿途导游。

实训准备

1. 实训场地：旅游交通车。
2. 导游旗、麦克风、接站牌。
3. 多份接待计划。

实训步骤

1. 教师布置本次训练任务：学会认找旅游团和做好首次沿途导游。
2. 对学生进行角色分组：导游组、游客组。

3. 将游客组按照接待计划进行再分组，并编号。

4. 导游组的每位成员抽取游客组的编号，根据编号派发相应的接待计划。

5. 设置场景，导游组的成员根据接待计划中的信息认找自己的旅游团。

6. 成功接站后，引领游客上车，进行导游首次沿途导游。

实训总结

1. 导游接站的正确做法

（1）制作接站牌。

①要写清团名团号，领队或全陪姓名。

②接小型旅游团或无领队、全陪的旅游团时要写上客人的姓名。

（2）持接站牌等候：持接站牌站立在醒目的位置，热情迎候旅游团，便于领队、全陪或客人前来联系。

（3）主动认找。通过旅游者的民族特征、衣着、组团社徽标记等分析、判断并上前委婉询问，主动认找；问清团队的团号、组团社名称、领队及全陪或客人的姓名。

2. 怎样做好首次沿途导游

（1）致欢迎词。

①代表所在接待社、本人及司机欢迎客人。

②介绍自己的姓名、所属单位。

③介绍司机。

④表示提供服务的诚挚愿望。

⑤预祝旅游愉快顺利。

（2）沿途风光导游。讲解内容要简明扼要，语言节奏明快、清晰景物取舍得当，随机应变，见人说人，见物说物，与旅游者的欣赏同步。

（3）风情介绍。介绍旅游目的地的概况、气候条件、人口、行政区划分、社会生活、文化传统、土特产品、历史沿革等；市容市貌介绍，发展概况及沿途重要建筑物和街道介绍。

（4）介绍即将下榻的酒店。地陪应向旅游者介绍该团所住饭店的基本情况，包括酒店的名称、位置、距机场（车站、码头）的距离、星级、规模、主要设施和设备及其使用方法、入住手续等（这部分内容地陪可根据路途距离和时间长短酌情删减或在“入店服务”时向旅游者介绍）。

国际接待、民族宗教篇

知识目标

- 掌握世界各旅游区的礼貌礼仪、饮食习惯及禁忌。
- 掌握世界主要宗教的起源、教义、经典和礼仪禁忌等。
- 掌握我国各民族的礼貌礼仪、饮食习惯及禁忌。

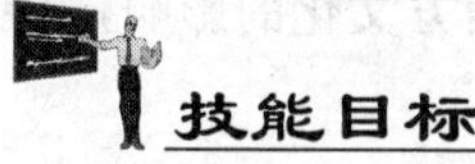

技能目标

1. 能够在接待外国来宾的时候，做到尊重他们的风俗习惯，为这些顾客提供宾至如归的服务。

2. 能够在接待不同宗教信仰的顾客的时候，做到尊重相应的宗教文化。

3. 能够在接待不同民族的顾客时，做到与他们文化相适应的个性化服务。

想一想

气泡风波

一位西欧颇有身份的女士来华访问，下榻北京一家豪华大酒店。酒店以贵宾的规格隆重接待：总经理在酒店门口亲自迎接，从大堂入口处到电梯走廊，都有漂亮的服务员夹道欢迎、问候，贵宾入住的豪华套房里摆放着鲜花、水果……西欧女士十分满意。陪同入房的总经理见女士兴致很高，为了表达酒店对她的心意，主动提出送一件中国旗袍，她欣然同意，并随即让酒店裁缝给她量了尺寸。总经理很高兴能送给尊敬的女士这样一件有意义的礼品。

几天后，总经理将赶制好的鲜艳、漂亮的丝绸旗袍送来时，不料这位洋女士却面露愠色，勉强收下，后来离店时却把这件珍贵的旗袍当做垃圾扔在酒店客房的角落里。总经理大惑不解，经多方打听好不容易才了解到，原来这位洋女士在酒店餐厅里看到

女服务员都穿旗袍，误以为那是女侍者特定的服装款式，主任赠送旗袍，是对自己的不尊敬，故生怒气，将旗袍丢弃一边。总经理听说后啼笑皆非，为自己当初想出这么一个“高明”的点子而懊悔不已。

分析该案例，这位总经理的错误是什么？酒店工作人员应该如何避免出现这种类型的错误？

项目十　亚洲、太平洋地区礼仪习俗与禁忌

任务一　中国港、澳、台地区

在中国香港、澳门、台湾生活的95%以上的人口是炎黄子孙，是我们的骨肉同胞。居民中华人占绝大多数，继承、保存着籍贯传统礼仪习俗，其姓氏称谓、婚丧礼仪、宗教信仰、节令时尚、饮食习惯等基本与广东福建相似。同时受西方文化的影响，其节庆的形式与内容是中西合璧。

(一) 礼节礼貌

港、澳、台地区通行的礼节为握手礼。因有些人参禅信佛，故也有见人行“合十”礼和呼“阿弥陀佛”的。港、澳、台同胞在接受饭店服务员斟酒、倒茶时行“叩指礼”，即把手弯曲，以指尖轻轻叩打桌面以示对人的谢意，这种礼节源于“叩头”礼。港、澳、台同胞一般比较勤勉、守时。与他们交往时要注意做到不能使他们觉得丢面子；与他们谈话入正题前要说些客套话，多表示内地（祖国大陆）人民对他们的热情友好和真诚欢迎。

香港人正式场合上，男士穿西装女士穿套裙。平时穿着追求个性、时尚、飘逸、多姿多彩。澳门人的衣着，除了比内地时髦以外，没有什么奇特的地方，都不穿凉鞋、水鞋，喜欢穿球鞋、皮鞋。除了正规场合西装革履，平时穿着随意，讲究舒适与时尚。近年来，台湾居民的服饰已逐渐西化。上班时整整齐齐，闲暇时舒适随意。在正规场合，男的西装革履，女的裙裾飘飘。闲暇时间人们喜欢穿上各种运动服和休闲服健身娱乐、饮宴应酬，台北女性流行穿旗袍，农村居民则以短衣短裤作为日常服装。女子多用金银首饰，尤其爱金项链。

(二) 饮食习惯

港、澳、台同胞的饮食习惯和内地（祖国大陆）基本相仿。许多人回内地（祖国大陆）探亲访友、旅游观光时喜欢吃家乡菜和各地传统的风味小吃。一般喜欢品尝有特色的名菜、名点，爱喝“茅台”一类的名酒，以及“龙井”“铁观音”等名茶。

香港人的饮食特点是讲究菜肴鲜、嫩、爽、骨，注重菜肴营养成分。口味喜清淡，

偏爱甜味。以米为主食，也喜欢吃面食。爱吃鱼、虾、蟹等海鲜及鸡、鸭、蛋类、猪肉、牛肉、羊肉等；喜欢茭白、油菜、西红柿、黄瓜、柿子椒等新鲜蔬菜；调料爱用胡椒、花椒、料酒、葱、姜、糖、味精等。对各种烹调技法烹制的菜肴均能适应，偏爱煎、烧、烩、炸等烹调方法制作的菜肴。对国内各种风味菜肴均不陌生，最喜爱粤菜、闽菜。喜欢鸡尾酒、啤酒、果酒等，饮料爱喝矿泉水、可乐、可可、咖啡等，也喜欢乌龙茶、龙井茶等。爱吃香蕉、菠萝、西瓜、柑橘、洋桃、荔枝、龙眼等水果；干果爱吃腰果等。绝大多数人都使用筷子，个别人也使用刀叉用饭。

澳门人饮食方面，“以中为主，中葡结合”。一方面澳门人与珠江三角洲一带的居民差别不大，另一方面由于澳门长期华洋共处，其生活习俗在有些方面也是中西混合。澳门人的吃文化也是“博大精深”。出于传统习惯和节省时间考虑，澳门人早餐和午餐常用“饮茶”来代替。不过名日饮茶，事实上澳门喝茶总少不了各类点心和粥粉面饭。澳门还有不少当地出生的葡人喜爱的食品，如“威虾酱”“喳咋”和“牛油糕”等。

台湾人在吃上讲究清淡，喜甜味，与祖国大陆江浙一带口味相近。但不同地域、不同人群，在饮食上也各有特色。台湾人的饮食很杂，缺少自己独具的特色。但普遍在吃上很讲究，追求精细与营养。在宴席上不劝酒，让客人随意，但主人喝起酒来还是很豪爽的。

（三）习俗禁忌

香港、澳门和台湾注重过中国传统的农历节日，如端午节、春节等。过节时要祭神、祭祖，其形式、规矩讲究较多。当然，由于受西方文化的影响，许多人也习惯过西方的圣诞节等节日。

港、澳、台同胞，尤其是上了年纪的老一辈人比较迷信，他们忌讳说不吉利的话，而喜欢讨口彩。如香港人特别忌“4”字，因广东话中“4”与“死”谐音。又如住饭店不愿进“324”房间，因其在广东话里的发音与“生意死”谐音，不吉利。过年时喜欢别人说“恭喜发财”之类的恭维话，不说“新年快乐”，“快乐”音近“快落”不吉利。由于长期受西方的影响，忌“13”“星期五”等。忌讳别人打听自己的家庭地址。忌讳询问个人的工资收入、年龄状况等情况。给他们不要送钟，因其是死亡的象征；在台湾不要送剪刀或其他锐利的物品，它们象征断绝关系。台湾人禁用手巾赠人，因在台湾是给吊丧者的留念，意为让吊丧者与死者断绝往来，故台湾有“送巾断根”或“送巾离别”之说。禁用扇子送人，有“送扇，无相见”之说。禁用雨伞送人，因在台湾，“雨”与“给”同音，“伞”与“散”同音，“雨伞”与“给散”同音，故拿伞送人，会引起对方误会。禁用甜果送人，因甜果是民间逢年过节祭祖拜神之物，送甜果会使对方有不祥之感。

任务二 日 本

日本古称大和，后来正式定名为日本国，具有“日出之国”的意思。日本人酷爱樱花，以其象征民族精神，因为樱花看起来平凡，可是汇集起来却很有气势。每年3月末4月初，当春风从赤道纬线北上，樱花便由南向北顺势铺开，成林成片，如火如荼，日本人像过节一样，聚集在樱花树下，饮酒赏花，摄影留念，日本在世界上享有“樱花之国”的美称。日本人多信仰神道和佛教。

（一）礼貌礼节

日本是以注重礼节而文明的国家，讲究言谈举止的礼貌。日本人见面时，要互相问候致意，鞠躬礼是日本最普遍的施礼致意方式，一般初次见面时的鞠躬礼是30度，告别时是45度，而遇到长辈和重要交际对象时是90度，以示尊敬。妻子送丈夫、晚辈送长辈外出时，弯腰行礼至看不见其背影后才直起身。在较正式的场合，递物和接物都用双手。在国际交往时，一般行握手礼。

日本人在谈话时，常使用自谦语，贬己抬人。与人交谈时总是面带微笑，尤其是妇女。

日本人与他人初次见面时，通常会互换名片，否则即被理解为是不愿与对方交往。在一般情况下，日本人外出时身上往往会带上自己的好几种印有不同头衔的名片，以便在交换名片时可以因人而异。

称呼日本人时，可称之为“先生”“小姐”“夫人”。也可在其姓氏之后加上一个“君”字，将其尊称为“某某君”。

日本人见面时除了行问候礼之外，还要问好致意，见面时多用“您早”“您好”“请多关照”，分手时则以“再见”“请休息”“晚安”“对不起”等话语。

日本经济发达与日本人努力勤奋的工作精神分不开，日本的工作节奏非常快，而且讲究礼节。他们工作时严格按日程执行计划，麻利地处理一切事务；对公众对象“唯命是从”，开展微笑服务；公私分明；对待上司与同事十分谦虚，并善于克制忍耐；下班后对公司的事不乱加评论。

（二）饮食习惯

在商务、政务活动中，日本人要穿西式服装；在民间交往中，有时也会穿自己的国服——和服。与日本人交往时穿着不宜过分随便，因为他们认为衣着不整是没有教养的表现。

“日本料理”的特点是以鱼、虾、贝等海鲜为烹调原料，可热吃、冷吃、生吃或熟吃。主食为大米，逢年节和生日喜欢吃红豆饭，喜欢吃酱和喝大酱汤。餐前餐后一杯清茶。方便食品有“便当”（盒饭）和“寿司”等。

在日本，人们普遍喜欢喝茶，久而久之，形成了“和、敬、清、寂”四规的茶道。茶道具有参禅的意味，重在陶冶人们的情趣。它不仅要求幽雅自然的环境，而且还有一整套的点心以及泡茶、献茶、饮茶的具体方法。

(三) 习俗禁忌

日本人的忌讳礼俗很多。日本人忌紫色和绿色，认为是悲伤和不祥之色。

日本人忌讳“4”和“9”，因为他们分别与“死”和“苦”发音相似。日本人喜欢奇数，不喜欢偶数，对“3”“5”“7”数字特别喜欢。

日本人有三人不合影的习俗，因为他们认为在中间被左右两人夹着是不幸的预兆，很不吉利。

他们对狐狸和獾的图案很反感，认为这两种动物图案是晦气、狡猾、贪婪的象征。菊花和菊花图案是皇族的象征，送人的礼品上不能使用这一图案。

日本人喜欢仙鹤和乌龟，认为它们是长寿的象征。使用筷子有许多禁忌，如忌将筷子直插饭中，不能用一双筷子依次给每个人夹、拨菜肴。还有忌用半途筷、游动筷等。

任务三　韩　国

韩国也称大韩民国，古称高丽，具有璀璨的文化遗产和美丽的风光。这里夏季多雨，气候湿润，经济发达。韩国的主要宗教是佛教，除此之外，一些韩国人也信奉儒教、天主教或天道教。

(一) 礼貌礼节

男子见面时习惯微微鞠躬后握手，并彼此问候。当晚辈、下属与长辈、上级握手时，后者伸出手来后，前者须以右手握手，随后再将自己的左手轻置于后者的右手之上。韩国人的这种做法，是为了表示自己对对方的特殊尊重。

韩国妇女一般情况下不与男子握手。女士之间习惯鞠躬问候，社交时则握手。韩国人与外国人交往时，可能会问及一些私人的问题，对此不必介意。韩国人有敬老的习惯，任何场合都应先向长者问候。

在一般情况下，韩国人在称呼他人时爱用尊称和敬语，但很少会直接叫出对方的名字 。要是交往对象拥有能够反映其社会地位的头衔，那么韩国人在称呼时一定会屡用不止。

在社交场合，韩国人，特别是年轻一代的韩国人，大部分都会讲英语，并且将此视为有教养、受过良好教育的标志之一。由于韩国人迄今为止仍对日本昔日的侵略占领耿耿于怀，他们对讲日语的人普遍没有好感。

(二) 饮食习惯

韩国人的饮食，在一般情况下以辣和酸为主要特点。韩国人以大米为主食，主要是米饭和冷面。他们喜欢中国的川菜，爱吃牛肉、瘦猪肉、海味、狗肉和卷心菜等。“韩国烧烤”很有特色。

韩国人的饮料很多。韩国男子通常酒量都不错，对烧酒、清酒、啤酒往往来者不拒。韩国妇女多不饮酒。韩国人喜欢喝茶和咖啡。但是韩国人不喜欢喝稀粥和清汤，他们认为那是穷人才会如此。

在用餐时韩国人用筷子。近年来，出于环保的考虑，韩国的餐馆里往往只向用餐者提供铁筷子。关于筷子，韩国人的讲究是，与长辈同桌就餐时不许先动筷子，不可用筷子对别人指指点点，在用餐完毕后要将筷子整齐地放在餐桌的桌面上。

在宴会上，韩国人一般不把菜夹到客人盘里，而由女服务员替客人夹菜，各道菜陆续端上，每道菜都须尝一尝才会使主人高兴。

（三）习俗禁忌

韩国人大都珍爱白色，对熊和虎十分崇拜。

在韩国，人们以木槿花为国花，以松树为国树，以喜鹊为国鸟，以老虎为国兽，对此，不要妄加评论。

由于发音与“死”相同的缘故，韩国人对数目“4”十分反感，受西方习俗的影响，不少韩国人也不喜欢“13”。韩国人忌将“李”姓解释为“十八子李”。在对其国家进行称呼时，不要将其称为“南朝鲜”“南韩”或“朝鲜人”，而宜称“韩国”“韩国人”。

韩国人的民族自尊心很强，反对崇洋媚外，提倡使用国货。在韩国一身外国名牌的人，往往会被人看不起。

在韩国，忌谈的话题有政治腐败、经济危机、意识形态、南北分裂、韩美关系、韩日关系及日本之长等。

任务四　新加坡

新加坡全称是新加坡共和国。“新加”在梵文中是“狮子”的意思，“坡”在梵文中是“城”，因此新加坡称“狮城”。由于新加坡是一个岛国，面积极小，华侨普遍称其为“星洲”“星岛”。新加坡气候宜人，环境优美，是一个城市国家，故又有“花园城市”的美誉。新加坡是世界第二大港口。

（一）礼貌礼节

在社交场合，新加坡人与他人见面的礼节多为握手。其礼仪习俗呈现多元化的特点，如在社交活动中，华人往往习惯于拱手作揖，或行鞠躬礼；马来西亚人则大多数采用本民族的“摸手礼”。所以与新加坡人打交道要遇人问俗。

新加坡特别强调笑脸迎客，彬彬有礼。人际交往中讲究礼貌、以礼待人，不但是

每个人应具备的基本素养，而且也已成为国家和社会对每一个人所提出的一项基本行为规则。

新加坡十分注重“礼治”，政府专门制定了《礼貌手册》，对于人们的各种不同场合的所作所为是否符合礼仪都作出了严格的规定。在新加坡不讲礼貌会寸步难行。

新加坡人崇尚清爽卫生，对于蓬头垢面、衣冠不整、胡子拉碴的人，都会侧目而视。

(二) 饮食习惯

中餐是新加坡人的最佳选择，粤菜、闽菜等十分受欢迎。口味喜欢清淡，偏好甜食，讲究营养，平日爱吃米饭和各种生猛海鲜，对于面食不太喜欢。新加坡人大都喜欢喝茶，他们经常在清茶中放橄榄之后饮用，称之为“元宝茶”，认为喝这种茶可以令人财运亨通。新加坡人还喜欢喝鹿茸酒、人参酒等补酒。

(三) 习俗禁忌

新加坡人喜欢红的。认为红色是庄严、热烈、喜庆、吉祥的象征，会激励人们奋发向上。在一般情况下过多地采用紫色、黑色不受人们欢迎，因为他们认为紫色、黑色是不吉利的。

新加坡人不喜欢“4”和“7”这两个数目，因为华语中“4”发音与“死”相仿，而“7”被认为是消极的数字。在新加坡人看来“3”是“升”。“6”是“顺”，“8”表示“发”，“9”则表示“久”都是吉祥的数字。

在新加坡是不能说“恭喜发财”的。因为他们看来，“发财”有“横财”之意，祝愿对方发财无疑是鼓动他去发“不义之财”，是一种损人利己的行为。

在新加坡乱扔果皮、废纸、吐痰、在公共场所吸烟、嚼口香糖、过马路闯红灯都会被罚款，罚款额之高相当于一个普通工人一个月工资，搞不好还会吃官司，甚至被鞭打。

任务五　马来西亚

马来西亚位于亚洲的东南部，介于太平洋、印度洋之间。马来西亚是个多民族的国家，各民族都保留其传统文化、习俗。它是东南亚的一个人数较多的重要民族，除了主要分布在马来西亚外，还分布在印度尼西亚、泰国等地。该民族有许多独特的风俗习惯。

(一) 礼貌礼节

(1) 姓名和称呼。名在前，姓在后。男的在姓和名之间用“宾”隔开，女的用“宾节”隔开，表示“某某的儿子（女儿）”。

(2) 服饰。马来西亚人男子下装大都用单手布料做成纱笼，上装叫“巴汝”。遇到喜庆节日，男子上穿“巴汝”，下着西式长裤，腰部围一纱笼，头戴“宋谷”帽，足登皮鞋，是马来男子的礼服。马来女装，上衣宽如袍，下着纱笼，纱笼手工编织各式金黄色图案，美丽夺目。

（3）婚礼。马来西亚人的婚礼十分隆重，一般要举行两三天，实行“三礼”，即“饰发礼”“染手掌礼”“并坐礼”。

（4）见面礼。在马来西亚，不同民族的人采用不同的见面礼节。马来西亚人的常规做法是；向对方轻轻点头，以示尊重。除男人之间交往以外，马来西亚传统人很少相互握手，男女之间尤其不会这么做。马来西亚人传统的见面礼是“摸手礼”。它的具体做法为：与他人相见时，一方将双手首先伸向对方，另一方则伸出自己的双手，轻轻摸一下对方伸过来的双手，随后将自己的双手收会胸前，稍举一下，同时身体前弯呈鞠躬状。与此同时，他们往往还会郑重其事地祝愿对方“真主保佑!”或“一路平安”，被问候者要回以“愿你也一样好”。

（二）饮食习惯

马来西亚人多数信奉伊斯兰教，以大米为主食，肉食主要食牛肉，喜辣味，咖喱牛肉风行全国。马来西亚人禁止喝酒，常饮咖啡和茶。马来西亚人进餐用手抓取，一般用右手。嗜好嚼槟榔、饮椰子酒和咀嚼烟草。

受伊斯兰教教规影响，马来西亚的穆斯林不吃猪肉，不吃自死之物和血液。不使用一切猪制品。由于他们认为狗是一种会带给人们厄运和瘟疫的肮脏动物，乌龟是一种象征“春药”或“色情”的不吉祥的动物，所以都不吃。平时，他们爱吃米饭，喜食牛肉，极爱吃咖喱牛肉饭，并且爱吃具有民族风味的“沙爹”烧肉串。

马来西亚人一般十分好客，他们认为：客人在主人家里若不吃不喝，等于不尊敬主人。马来西亚人在用餐时，不用刀叉或筷子，而是直接用右手取食。餐毯上往往要放上几碗清水，以供“洗手”之用，这是一种象征性的礼节。进餐时，人们不用椅子，男子盘腿，女子屈腿，席地而坐。菜肴食物摆在地上的草席或餐毯上。

只有在十分正规的宴请中，马来西亚人才以刀、叉、匙进餐。由于左手被视为“不洁之手”，因此禁用其取食物或饮料。万不得已须以左手帮助右手之前，应向在场之人表示歉意。以左手向其他人递送食物或饮料，在任何情况下都是不许可的。在一般情况下，马来西亚的印度人也习惯于用手抓食食物，而不使用任何餐具。

在用餐时，马来西亚人很讲究卫生。在用餐前，他们必定先用清水冲手。在餐桌上，则多备有水盂，以供人们用餐时涮洗手指。对以湿毛巾干擦手部，他们是不习惯的。

（三）习俗禁忌

跟马来西亚人接触时，必须注意以下几个方面：

（1）不要触摸被其视为神圣不可侵犯的头部与肩部。

(2) 不要在其面前跷腿、露出脚底，或用脚去挪动物品，因为他们认为在人体上脚的地位最为低下。

(3) 不要用一手握拳，去打另一只半握的手，这一动作在马来西亚人看来是十分下流的。

(4) 与其交谈时，不要将双手贴在臀部，不然有勃然大怒之疑。

(5) 不要当众打哈欠，万不得已要打哈欠时，务必要以手遮挡住口部，否则便是失敬于人的。

任务六　泰　国

泰国正式名称是泰王国，自称孟泰，泰语中“孟”是国家的意思，“泰”是自由的意思，因此“泰国”即自由之国。佛教是泰国的国教，全国人口的90%以上信奉佛教。在社会各方面，佛教都对泰国人发挥着重要作用和影响——泰国的历法采用的是佛历；泰国男子年满20岁后，都要出家一次，当3个月的僧侣，即使国王也不例外，否则会被人看不起；几乎所有泰国人的脖子上，都佩戴有佛饰，用来趋吉辟邪。

(一) 礼貌礼节

由于信奉佛教，泰国人在一般交际应酬时不喜欢握手，而是行带有佛门色彩的合十礼。行合十礼时，需站好立正，低眉欠身，双手十指相互并拢，并且同时问候对方“您好”。合十的双手举得越高表示对对方越尊重。行合十礼时，晚辈要先向长辈行礼，身份、地位低的先向身份、地位高的行礼，对方随后还之以合十礼，否则是失礼的。

泰国人很有涵养，总喜欢面带微笑，所以泰国也有“微笑之国”的美称。在交谈时，泰国人总是细声低语。在其看来，跟旁人打交道时面无表情、愁眉苦脸，或是高声喧哗，大喊大叫，是不礼貌的。与泰国人交往不要信口开河，非议佛教，或是对佛门弟子有失敬意，特别是不要对佛祖释迦牟尼表示不恭。

(二) 饮食习惯

泰国人不爱吃过甜或过咸的食物，也不吃红烧的菜肴。喜食辛辣、新鲜的食物，最爱吃的是体现其民族特色的“咖喱饭”。

泰国人是不喝热茶的，他们的做法是，在茶里加上冰快，令其成为冻茶。他们绝不喝开水，而习惯直接饮用冷水。在喝果汁时要加少许盐末。

(三) 习俗禁忌

泰国人认为头是智慧所在，神圣不可侵犯，不能用手去触摸佛像的头部，否则将被视为极大的侮辱，若打了小孩的头部，认为触犯了藏在小孩头中的精灵，孩子会生病的。别人坐着的时候，切勿让物品超越其头顶。见面时，若有长者在座，晚辈应坐下或蹲跪以免高于长者的头部，否则就是对长者的不恭。所以，在泰国，当人们走过或坐或站着的人面前时，都得躬身而行，表示不得已而为之。

人们认为用左手拿东西给别人是鄙视对方的行为，所以给人递东西都用右手，切忌用左手。

在泰国民间，狗的图案是被禁止的。泰国人的家里大都不种茉莉花，因为在泰语里，它与“伤心”发音相似。在泰国，睡莲是国花，桂树是国树，白象是国兽，对于这些东西，千万不要表示轻蔑，或是予以非议。

泰国宪法规定，国王是神圣不可侵犯的，对泰国国王和王室成员，绝不允许任意评说。

任务七　澳大利亚

澳大利亚作为国家的名称，来自于拉丁文。在拉丁文里，它的含意是“南方之地”。由于澳大利亚犹如一座大岛，故有“岛大陆”之称。因为它建国不久，有人又称之为“古老大陆上的年轻国家”。此外，它因为畜牧业发达、矿产丰富而有“牧羊之国”“骑在羊背上的国家”“淘金圣地”“坐在矿车上的国家”之名。

(一) 礼貌礼节

澳大利亚人在人际交往中呈现出的第一个基本特点是“亦英亦美”，以“英”为主。澳大利亚人在待人接物方面的习惯做法，依旧英国味道十足。在正式的官方交往与商务应酬中，就更是如此。有人曾经说过：“同澳大利亚人打交道，与同英国人打交道没有多大的差别。”由此可知，澳大利亚的社交礼仪在主流方面，深受英国的影响。

澳大利亚人在人际交往中呈现出的第二个基本特点是兼收并蓄，多姿多彩。这一基本特点，在澳大利亚人的交往应酬中表现得十分明显。以见面礼节而论，他们所行的既有拥抱礼、亲吻礼，也有合十礼、鞠躬礼、握手礼、拱手礼、点头礼，可谓无奇不有。当时土著居民在见面时所行的勾手礼，便极具特色。它的做法是，双方各自伸出手指来，令双方的手指紧紧勾住，然后再轻轻地往自己身边一拉，以示相亲、相爱。进而言之，作为一个独立国家的人民，澳大利亚人在待人接物方面毕竟也有自己的总体特征，这就是他们人情味很浓，待人朴实无华。或许是因为澳大利亚地广人稀，澳大利亚人普遍乐于同他人进行交往，并且表现得质朴、开朗、热情。过分地客套或者做作，均会令其不快。在讲英语的国家中，澳大利亚人可能是最无拘无束、轻松自在、爱交朋友的了。在公共场合，他们爱跟陌生人打招呼、聊天，并且爱请别人到自己家里做客。澳大利亚人的这种自由、实在劲儿，不但英国人难以同日而语，而且连美国人也往往自叹不如。

(二) 饮食习惯

澳大利亚人的饮食习惯可谓多种多样。就主流社会而言，人们一般喜欢英式西餐。

其特点是口味清淡，不喜油腻，忌食辣味。有不少的澳大利亚人还不吃味道酸的东西。具体而言，澳大利亚人都爱吃牛羊肉，对于鸡肉、鱼肉、禽蛋也比较爱吃。他们的主食是面包，爱喝的饮料则有牛奶、咖啡、啤酒与矿泉水等。一般来讲，澳大利亚人不吃狗肉、猫肉、蛇肉，不吃动物的内脏与头、爪。对于加了味精的食物，他们十分厌恶。他们认定味精好似“毒药”，令人作呕。在用餐时，澳大利亚人是使用刀、叉的。在有些地方，比如加尔文市，人们外出用餐时必须衣冠楚楚，否则将被禁止入内。平时，澳大利亚人还很爱外出野餐，并以烧烤为主。澳大利亚土著居民目前大多数尚且不会耕种粮食，不会饲养家畜。他们靠渔猎为生，并且经常采食野果。一般来说，他们的食物品种甚多，制作方法往往也各具特色。在进食的时候，他们经常生食，并且惯于以手抓食。

（三）习俗禁忌

澳大利亚人最喜爱的动物除了国鸟琴鸟外，还有袋鼠。它被澳大利亚人视作澳洲大陆最早的主人。在澳大利亚人眼里，兔子是一种不吉利的动物。他们认为，碰到了兔子，可能是厄运将临的预兆。在数目方面，受基督教的影响，澳大利亚人对于“13”“666”与“星期五”普遍反感至极。在人际交往中，喜好娱乐的澳大利亚人往往有邀请友人一同外出游玩的习惯，他们认为这是密切双方关系的捷径之一。对此类邀请予以拒绝，会被他们理解成不给面子。澳大利亚人崇尚人道主义和博爱精神。在社会生活中，他们乐于保护弱者。除了保护老人、妇女、孩子、弱小种族之外，他们还讲究保护私生子的合法地位，甚至将保护动物看做是自己的天职。议论种族、宗教、工会和个人私生活以及等级、地位问题，最令澳大利亚人不满。

同澳大利亚人打交道时，还有下列四点需要特别注意。第一，澳大利亚人不喜欢本国与英国处处联系在一起。虽然不少人私下里会对自己与英国存在某种关系而津津乐道，但在正式场合，他们却反感将两国混为一谈。第二，澳大利亚人不喜欢听“外国”或“外国人”这一称呼。他们认为，这类称呼抹杀个性。是哪一个国家，理当具体而论，过于笼统地称呼是失敬的做法。第三，澳大利亚人对公共场合的噪声极其厌恶。在公共场所大声喧哗者，尤其是门外高声喊人的人，是他们最看不起的。第四，澳大利亚的基督徒有“周日做礼拜”之习。他们的这种做法“雷打不动”，想在这天与他们约会，往往“难于上青天”。

任务八　新西兰

新西兰作为国家的名称，来自荷兰语“新泽兰”，意即“新的海中陆地”。“新西兰”则是对“新泽兰”一词的英语译法。由于新西兰距离其他大洲路途遥远，并且环境十分优美，故有“世界边缘的国家”“绿色花园之国”和“白云之乡”的称号。新西兰的畜牧业极为发达，国民经济以其为主，因此又有“畜牧之国”“牧羊之国”之称。

(一) 礼貌礼节

与外人相见时，新西兰人所行的见面礼主要有下列三种。其一，握手礼。这是新西兰人所用最多的见面礼节。不过与新西兰妇女握手时，必须由其首先伸出手来。其二，鞠躬礼。新西兰人在向尊长行礼时，有时会采用此礼。他们行鞠躬礼的做法十分独特，与中国人鞠躬时低头弯腰所不同的，新西兰人鞠躬时是抬着头，挺着胸的。其三，注目礼。路遇他人，包括不相识者时，新西兰人往往会向对方行注目礼。即面含微笑目视对方，同时问候对方“你好”。

新西兰的土著毛利人属于棕色人种。他们在欢迎来访者时，往往会采用自己的传统礼节。其中闻名遐迩的，就是世人所称的“碰鼻礼”。“碰鼻礼”在毛利语里叫做“洪吉”。它的具体做法是：在迎接客人时，主人要与对方彼此用鼻子尖，互相碰上两三次。按照毛利人的说法，双方碰鼻子的时间越长，就说明客人所受的礼遇越高。为了让孩子鼻子长得高大一些，以方便行礼，毛利人的母亲常常用双膝夹孩子的鼻子。

在欢迎贵宾时，毛利人通常还会列队举行一定的仪式。在这种欢迎仪式上，毛利人除了载歌载舞之外，往往还会有意对客人们吐舌头，瞪眼睛，扮鬼脸。据说，这些做法既是为了驱邪免灾，也是为了验证一下客人有无相交的诚意。新西兰人在人际交往中奉行“平等主义”。他们认为，一切人都是生而平等的。在普通的交际场合，新西兰人非常反对讲身份，摆架子。在新西兰，各行各业的人都会对自己的职业引以为荣，并且在彼此之间绝对不分三六九等。称呼新西兰人时，特别要注意：直呼其名常受欢迎，称呼官衔却往往令人侧目。

(二) 饮食习惯

在新西兰，欧洲移民的后裔通常习惯于吃英式的西餐。他们的口味都比较清淡，对动物蛋白和乳制品的需求量很大。牛肉、羊肉、鸡肉、鱼肉都是他们所爱吃的。在用餐时，他们以刀叉取食，但是忌讳吃饭时频频与人交谈。除了爱吃瘦肉之外，欧洲移民的后裔们还爱喝浓汤，并且对红茶一日不可少。受英国习俗的影响，他们也养成了“一日六饮”的习惯，即每天要喝六次茶。它们分别称做早茶、早餐茶、午餐茶、下午茶、晚餐茶和晚茶。每逢循例饮茶时，他们都会按部就班，一丝不苟。新西兰人中爱喝酒的人不少。不管是威士忌之类的烈性酒，还是啤酒或葡萄酒，新西兰人都非常喜欢。可是，饮酒在新西兰又受到了极为严格的限制。新西兰法律规定：在特许售酒的餐馆里，只准出售葡萄酒。在极少数准许销售烈性酒的餐馆里，顾客唯有购买了一份正餐以后，才有机会买到一杯烈性酒。毛利人在一般情况下都爱吃一种叫做“夯吉”的食物，它是利用地热蒸熟的牛羊肉和土豆一类的东西。在招待贵宾的时候，毛利人最高档次的大菜，叫做“烧食烤饭”。它的制作方法是，在地灶之中首先将许多鹅卵石烧红，泼上一瓢冷水后，将分层装有芋头、南瓜、白薯、牛排、猪肉、鸡肉、鱼

肉等食物的铁丝筐放入，先盖上湿土，后以稀泥糊严，经数小时后取出，撒上食盐、胡椒之后食用。

（三）习俗禁忌

几维果，即中国人所说的猕猴桃，是新西兰人最爱吃的一种水果，并且是其待客和出口的主要果品。在新西兰人眼里，它是当仁不让的“国果”。新西兰人喜爱动物。在所有动物之中，最让他们看重的，除了国鸟几维鸟外，还有狗。狗被新西兰人当成了朋友。尤其是忠诚、勇敢的牧羊犬，更为以畜牧业为主的新西兰人帮了大忙，成为其不可缺少的助手。因此，在新西兰民间，一向有“勤奋的牧羊犬创造了新西兰”的说法。若是对新西兰人谈论狗肉如何好吃，如何大补，定然会触怒对方。受基督教、天主教的影响，新西兰人讨厌“13”“666”与“星期五”。要是有一天既是13日，又是星期五，那么新西兰人无论干什么事都会提心吊胆。对于在这一天外出赴宴、跳舞、观剧之类的邀请，他们则能推就推。毛利人信奉原始宗教，相信灵魂不灭，因此对拍照、摄像十分忌讳。在一般情况下，最好不要这么做。新西兰虽然大都讲英语，但是他们却不喜欢像英国人那样，用“V”字手势去表示胜利。由于自然条件优越，生活富足，新西兰人大都喜爱户外运动。他们最喜爱的运动项目是赛马和橄榄球，并且常常以此作为交谈的话题。

项目十一　欧洲国家和地区礼仪习俗与禁忌

任务一　英　国

（一）礼节礼貌

英国人十分重视个人的教养，极其强调所谓的“绅士风度”。主要表现在对妇女的尊重与照顾、仪表整洁、服饰得体和举止有方。握手礼是英国人使用最多的见面礼节。“请”“谢谢”“对不起”“你好”“再见”一类的礼貌用语，他们是天天不离口的。在进行交谈时，对英国人要避免说“English”（英格兰人），而要说“British”（不列颠人），因为他可能是苏格兰人或爱尔兰人。英国人，特别是那些上年纪的英国人，喜欢别人称呼其世袭的爵位或荣誉的头衔。至少，也要郑重其事地称之为“阁下”或是“先生”“小姐”“夫人”。

在正式场合的穿着，十分庄重而保守。男士要穿三件套的深色西装，女士则要穿深色的套裙，或者素雅的连衣裙。庄重、肃穆的黑色服装往往是英国人优先的选择。英国男子讲究天天刮脸，留胡须者往往会令人反感。

（二）饮食习惯

英国人的饮食具有“轻食重饮”的特点。“轻食”，主要是因为英国人在菜肴上没有特色，日常的饮食基本上没有变化。除了面包、火腿、牛肉之外，英国人平时常吃的基本上是土豆、炸鱼和煮菜。“重饮”，即讲究饮料。英国名气最大的饮料当推红茶与威士忌。绝大多数英国人嗜茶如命，所喝的茶是红茶。在饮茶时，他们首先要在茶杯里倒入一些牛奶，然后才能依次冲茶、加糖。早上醒来先要赖在床上喝上一杯“被窝茶”，在上班期间，还要专门挤出时间去休“茶休”，即去喝“下午茶”。在英国，喝“下午茶”既是午餐与晚餐之间的一顿小吃，而且也是“以茶会友”的一种社交方式。英国苏格兰生产的威士忌，曾与法国的干邑白兰地、中国的茅台酒并列为世界三大名酒。

(三) 习俗禁忌

英国除了宗教节日外还有不少全国性和地方性的节日。在全国性的节日中，国庆和除夕之夜是最热闹的。英国国庆按历史惯例定在英王生日那一天。除夕之夜全家团聚、举杯畅饮，欢快地唱“辞岁歌”。除夕之夜必须瓶中有酒，盘中有肉，象征来年富裕有余。丈夫在除夕还赠给妻子一笔钱，作为新的一年缝制衣物的针线钱，以表示在新的一年里能得到家庭温暖。在苏格兰，人们提一块煤炭去拜年，把煤块放在亲友家的炉子里，并说一些吉利话。

英国人十分忌讳被视为死亡象征的百合花和菊花，不喜欢大象、孔雀与猫头鹰，厌恶黑色的猫。遇上碰撒了食盐或是打碎了玻璃一类的事情，都是认为很倒霉的。反感的色彩主要是墨绿色。他们还忌用人像做商品装潢。忌用大象、孔雀、猫头鹰等图案。在握手、干杯或摆放餐具时忌讳出现类似十字架的图案。忌讳的数字是“13”与“星期五”。当两者恰巧碰在一起时，不少英国人都会产生大难临头之感。英国人还忌讳“3”这个数字，特别忌讳用打火机和火柴为他们点第三支烟。在英国，动手拍打别人，跷起“二郎腿”，右手拇指与食指构成“V”形时手背向外，都是失礼的动作。饮食禁忌主要是不吃狗肉，不吃过辣或带有黏汁的菜肴。

任务二　法　国

(一) 礼节礼貌

法国人性格比较乐观、热情，谈问题开门见山，爱滔滔不绝地讲话，说话时喜欢用手势加强语气。法国人爱自由，纪律性差。法国人所采用的见面礼节，主要有握手礼、拥抱礼和吻面礼。吻面礼，使用得最多、最广泛。法国人与交往对象行吻面礼，意在表示亲切友好。为了体现这一点，在行礼的具体过程里，他们往往要同交往对象彼此在对方的双颊上交替互吻三四次，而且还讲究亲吻时一定要连连发出声响。常用的敬称主要有三种。其一，是对一般人称第二人称复数，其含意为“您”。其二，是对官员、贵族、有身份者称“阁下”“殿下”或“陛下”。其三，是对陌生人称“先生”

"小姐"或"夫人"。"老人家"老先生""老太太"，都是法国人忌讳的称呼。

在正式场合，法国人通常要穿西装、套裙或连衣裙。法国人所穿的西装或套裙多为蓝色、灰色或黑色，质地则多为纯毛。在他们看来，棕色、化纤面料的这类服装，是难登大雅之堂的。对于穿着打扮，法国人认为重在搭配是否得法。在选择发型、手袋、帽子、鞋子、手表、眼镜时，法国人都十分强调要使之与自己的着装相协调。妇女在参加社交活动时，一定要化妆，并且要佩戴首饰。佩戴首饰的话，一定要"真材实料"。男士对自己仪表的修饰相当看重，他们中的许多人经常出入美容院。在正式场合亮相时，剃须修面，头发"一丝不苟"，身上略洒一些香水。

(二) 饮食习惯

在西餐之中，法国菜可以说是最讲究的。平时，法国人爱吃面食。在法国，面包的种类之多，令人难以计数。在肉食方面，他们爱吃牛肉、猪肉、鸡肉、鱼子酱、蜗牛、鹅肝，不吃肥肉、宠物、除肝脏之外的动物内脏、无鳞鱼和带刺带骨的鱼。口味喜欢肥浓，偏爱鲜嫩。选料要新鲜，而且烹饪也大多半生不熟。有不少菜，他们甚至还直接生食。爱吃奶酪。法国人特别善饮，他们几乎餐餐必喝酒，而且讲究在餐桌上要以不同品种的酒水搭配不同的菜肴。各自选用，无劝酒的习惯。对于鸡尾酒，法国人大都不太欣赏。

(三) 习俗禁忌

法国节日以宗教节日为主，每天都是纪念某一圣徒之日。1月1日是元旦，这一天也是亲友聚会的日子，家中酒瓶里不能有隔年酒，否则被认为不吉利。元旦的天气还被当做新年光景的预兆。春分所在月份月圆后第一个星期天为复活节。复活节后40天为耶稣升天节，复活节后50天为圣灵降临节。4月1日为愚人节，这一天人人都可骗人。11月1日为万灵节，祭奠先人及为国捐躯者。12月25日为圣诞节，是法国最重大的节日。重要的世俗节日还有：7月14日为国庆节，全国放假一天，首都将举行阅兵式；5月30日是民族英雄贞德就义纪念日；11月1日是第一次世界大战停战日；5月8日是反法西斯战争胜利日；3月中旬第一个星期天是体育节，人们都自愿地为心脏健康而跑步。

菊花、牡丹、玫瑰、杜鹃、水仙、金盏花和纸花，一般不宜随意送给法国人。仙鹤被视为淫妇的化身，孔雀被看做是祸鸟，大象象征着笨汉，它们都是法国人反感的动物。对核桃十分厌恶，认定它代表着不吉利。以之招待法国人，将会令其极为不满。对黑桃图案，他们也深感厌恶。他们所忌讳的色彩，主要是黄色与墨绿色。法国人所忌讳的数字，是"13"与"星期五"。给法国妇女送花时，宜送单数，但要记住避开"1"与"13"这两个数目。在一般情况下，法国人绝对不喜欢13日外出，不会住13号房、坐13号座位，或是13个人同桌进餐。初次见面就向人送礼，往往会令对方产生疑虑。在接受礼品时若不当着送礼者的面打开其包装，则是一种无礼的、粗鲁的行为。

任务三 德 国

(一) 礼节礼貌

在人际交往中，准时赴约被看得很重。在社交场合，德国人通常都采用握手礼作为见面礼节。与德国人握手时，有必要特别注意下述两点。一是握手时务必要坦然地注视对方；二是握手的时间宜稍长一些，晃动的次数宜稍多一些，握手时所用的力量宜稍大一些。此外，与亲朋好友见面时，往往会施拥抱礼。亲吻礼多用于夫妻、情侣之间。有些上了年纪的人，与人相逢时，往往习惯于脱帽致意。对德国人称呼不当，通常会令对方大为不快。在一般情况下，切勿直呼德国人的名字，称其全称，或仅称其姓，则大都可行。看重职衔、学衔、军衔，对于有此类头衔者，在进行称呼时一定要不忘使用其头衔。

与德国人交谈时，切勿疏忽对“您”与“你”这两种人称代词的使用。对于初次见面的成年人以及老年人，务必要称之为“您”。对于熟人、朋友、同龄者，方可以“你”相称。在德国，称“您”表示尊重，称“你”则表示地位平等、关系密切。

德国人在穿着打扮上的总体风格，是庄重、朴素、整洁。在一般情况之下，男士大多爱穿西装、夹克，并且喜欢戴呢帽。妇女们则大都爱穿翻领长衫和色彩、图案淡雅的长裙。在日常生活里，德国妇女的化妆以淡妆为主。对于浓妆艳抹者，德国人往往是看不起的。在正式场合露面时，必须要穿戴得整整齐齐，衣着一般多为深色。在商务交往中，他们讲究男士穿三件套西装，女士穿裙式服装。

德国人对发型较为重视。在德国，男士不宜剃光头，免得被人当做“新纳粹”分子。德国少女的发式多为短发或披肩发，烫发的妇女大半都是已婚者。

(二) 饮食习惯

德国人的餐桌上主角是肉食。最爱吃猪肉，其次是牛肉。爱吃以猪肉制成的各种香肠。大都不太爱吃羊肉。除肝脏之外，其他动物内脏不为其接受。除北部地区的少数居民之外，德国人大都不爱吃鱼、虾。这是德国的一种独特的民俗，其原因恐怕主要是担心被鱼刺扎伤。德国人一般胃口较大，喜食油腻之物，所以胖人极多。在口味方面，爱吃冷菜和偏甜、偏酸的菜肴，不爱吃辣和过咸的菜肴。在饮料方面，最爱喝啤酒，而且普遍海量。对咖啡、红茶、矿泉水，也很喜欢。

(三) 习俗禁忌

除传统的宗教节日外，德国人是世界上最爱喝啤酒的，所以还有举世闻名的“慕尼黑啤酒节”，每年9月最后一周到10月第一周连续要过半月，热闹非凡。狂欢节（每年11月11日11时11分）开始，要持续10天，到来年复活节前40天才算过完。过完复活节前一周的星期四是妇女节，妇女们这一天不但可以坐市长的椅子，还可以拿着

剪刀在大街上公然剪下男子的领带。元旦，也是德国人的重大节日。除夕之夜，男子按传统习俗聚在屋里，喝酒打牌，将近零点时，大家纷纷跳到桌子上和椅子上，钟声一响，就意味着“跳迎”新年，接着就扔棍子，表示辞岁。

忌用玫瑰或蔷薇送人，前者表示求爱，后者则专用于悼亡。送女士一枝花，一般也不合适。德国人对黑色、灰色比较喜欢，对于红色以及渗有红色或红、黑相间之色，则不感兴趣。对于“13”与“星期五”，德国人极度厌恶。四个人交叉握手，或在交际场合进行交叉谈话，被他们看做是不礼貌的。德国人对纳粹党党徽的图案十分忌讳。在德国，跟别人打招呼时，切勿身体立正，右手向上方伸直，掌心向外。这一姿势，过去是纳粹的行礼方式。向德国人赠送礼品时，不宜选择刀、剑、剪、餐刀和餐叉。以褐色、白色、黑色的包装纸和彩带包装、捆扎礼品，也是不允许的。在公共场合窃窃私语是十分失礼的。

任务四　意大利

(一) 礼节礼貌

与他人初次见面时，他们礼数礼仪周全，极其客气。在一般情况下，他们大都会以握手礼作为见面礼节，并且会向对方问好。在熟人之间，举手礼、拥抱礼、亲吻礼也比较常用。在社交场合，可称其姓氏，或将其与“先生”“小姐”“夫人”连称。对于关系密切者，方可直呼其名。为了向交往对象表示恭敬之意，意大利人往往会对对方以“您”相称。在人际交往中，他们对别人的地位、等级十分重视。对于来自家学渊源、历史悠久的家族的人士，他们往往会刮目相看。时间观念极为奇特，与别人进行约会时，许多意大利人都会晚到几分钟。

我国国内常用的下列称呼在意大利不宜使用。其一，是“爱人”。在意大利，其含义为“情人”，即“第三者”。其二，是“老人家”。意大利人忌讳“老”，这一称呼在他们听来具有明显的贬义。其三，是“小鬼”。在中国，将小孩称为“小鬼”，是一种爱称。但在意大利人看来，其含义是“小妖怪”，对孩子既不尊重，而且又带有诅咒之意。

在穿着打扮上，意大利人衣着极为考究，非常时髦，讲究个性。在日常生活里较少穿着其传统的民族服装。平时，男士爱穿背心，戴鸭舌帽；妇女则爱穿长裙，有时则爱戴头巾。

(二) 饮食习惯

意大利人爱吃炒米饭、通心粉。通心粉又叫意大利面条，或者根据其音译可叫做“帕斯塔”。它是意大利人平时最爱吃的一种面食。吃它的时候，不可以餐刀切成小段，或以汤匙取用。正确的做法，是将它缠在餐叉上，然后送入口中，必要时可以匙帮忙，但吃时不得出声。口味上接近法式菜肴。注重浓、香、烂，偏爱酸、甜、辣。烹饪方法上，多采用焖、烩、煎、炸，不喜欢烧、烤。肉食与蔬菜、水果，是意大利人都非常喜欢的食品，意大利人大都嗜酒。

（三）习俗禁忌

意大利的节日比较多，全国性节日有 19 个。1 月 1 日是元旦，新年钟声敲响后，他们纷纷将家中旧物抛出窗外，以辞旧迎新。3 月 21 日至 4 月 25 日春分月圆后第一个星期天为复活节，人们纷纷结伴去郊游、踏青、聚餐。复活节前 40 天为斋戒期，之前数天为狂欢节，一般在 2 月中旬，此时期有化装游行及盛大游艺活动。复活节后 40 天为圣灵降临节，这一天会举行各种纪念活动。12 月 25 日为圣诞节，罗马教皇发表演说是这天最重要的节目。隆重的宗教仪式表达意大利教徒虔诚的宗教热情，民间节庆活动也十分热闹。

在意大利，玫瑰一般用以示爱，菊花则专门用于丧葬之事，因此这两种花不可以用来送人。送给意大利女士的鲜花，通常以单数为宜。较为忌讳紫色、仕女图案、十字花图案等。与其他欧美国家的人基本相似，意大利人最忌讳的数字与日期分别是“13”与“星期五”。除此之外，他们对于“3”这一数字也不太有好感。切勿将手帕、丝织品和亚麻织品送给意大利人。意大利人认为，手帕主要是擦眼泪的，象征情人离别，属于令人悲伤之物，不宜送人。

任务五　西班牙

西班牙作为国家的名称，其出处众说纷纭。有人认为它出自迦太基语，意为“野兔国”。有人认为它源自巴斯克语，含义为“边疆”或“海洋”。还有人认为它来自腓尼基语，本意为“埋葬”，转意则为“埋葬着财富、矿产”。在世界上，西班牙被人们誉为“海上强国”“世界桥梁”“地中海陆地”“永不沉没的航空母舰”“欧洲果园”“橄榄王国”“欧洲菜场”“旅游王国”“无雨之国”。

（一）礼貌礼节

受到拉丁文化的影响，西班牙人在待人接物方面大都显得性格开朗，热情奔放，诚实爽快，淳朴豁达。与西班牙人需相处时，任何人都会为对方鲜明的性格所感动。与此同时，西班牙人又以自尊心和荣誉感强而著称于世。他们很讲面子，对任何可能冒犯其自尊的事情都十分敏感。在许多时候，为了维护自尊与荣誉，他们宁肯遭受某种程度上的损失，也绝不愿意公开承认自己的过失。对于维护其自尊与荣誉的人，西班牙人往往会知恩图报。与法国人相似，西班牙人普遍认为：本国的语言是世界上最优美、最重要的语言。因此，与西班牙人进行交往应酬时，会讲西班牙语的人定然会大受对方的欢迎，而且往往还会得到对方的特殊关照。在政务或商务活动中，西班牙

人讲究要互换名片。假如对方递上了自己的名片，而不回敬他一张，在西班牙人看来，是极其失礼的。需要注意的是，用于同西班牙人交换的名片，应当尽可能用西班牙语印制，这意味着对对方的尊重。

在人际交往中，热情奔放的西班牙人十分健谈，因而聊天成了西班牙人与朋友相处时的主要活动方式和休息方式。不论是在自家的客厅里，还是在酒吧、咖啡屋，只要有两三个西班牙人聚在一起聊天，往往一开头就没个完。西班牙人的聊天，可谓是一种地地道道的“信天游”。从他们喜爱的斗牛、足球，直到时事政治、文学艺术、家庭琐事，往往会无所不包。当西班牙人找自己聊天时，应当尽可能地予以呼应。不理不睬，三缄其口，定然会让对方十分难堪。在外人看来，西班牙人在为人处世上略微显得有些粗狂急躁。另外，他们的时间观念也不太强。平日，他们生活得十分清闲。他们每天的工作时间很短，休闲、娱乐的时间却很多。有位外国作家曾就此议论说：“西班牙人只有在观看斗牛比赛时，才会准时到场。”不管怎么讲，与西班牙人相处时，对他们的这一特点务必要有心理准备。西班牙人采用的见面礼节非常热烈。男士之间，通常要相互搂抱对方的肩膀。妇女之间则不仅要相互拥抱，而且还要互吻对方的双颊。只有在官方活动中，西班牙人才会采用握手礼。

（二）饮食习惯

西班牙人对于吃喝极其讲究。他们觉得：不懂得吃喝，做人就会失去乐趣。平时，他们不仅自己想方设法大饱口福，而且往往还习惯于请客吃饭。拒绝西班牙人赴宴的邀请，对于吃喝毫不讲究，弄不好就会被看做不近人情。在世界各国之中，西班牙的节日之多是出了名的。西班牙人差不多每个月都有好几个节日，而且几乎所有的节日都与大饱口福有关。在西班牙人看来，所谓过节，主要就是要饱享美味佳肴。所以西班牙有一句人人皆知的民谚，叫做“饱口福，过节日”。有趣的是，在西班牙，竟然还有口福节、烹调节、螃蟹节、苹果节、草莓节、葡萄酒节等直截了当地以食物或吃喝命名的节日。每逢此类节日来临，西班牙人自然而然地会名正言顺地大吃特吃一通。在一般情况下，西班牙人的日常饮食以面食为主，并且爱吃鱼肉、羊肉、牛肉、猪肉以及虾、蟹，对于猪的内脏，他们也能接受。西班牙人不爱吃油腻、过咸的菜肴，又酸、又辣、比较鲜嫩的菜肴则大受欢迎。西班牙的名菜不胜枚举，其中比较著名的有烤乳猪、烤羊肉、熏香肠、鳗鱼馅饼以及红色的“巴戈五饭”等。在饮料方面，西班牙人爱喝矿泉水、咖啡、啤酒和葡萄酒。西班牙的葡萄种植面积世界第一，因此西班牙人十分爱喝葡萄酒。他们喝汤时一定要喝冷汤，不像中国人那样爱喝热汤。西班牙人通常以午餐作为正餐，而早餐与晚餐则大多较为简单。吃午餐时，西班牙人往往要全家人聚在一起，因此西班牙的大部分机关、单位每天 13：30～16：30 要停止办公或营业，专供人们回家去聚餐。根据民俗，西班牙人在除夕之夜人人都要喝蒜瓣汤，并且要在新年钟声敲响时每人吃上 12 粒葡萄。前一种做法，是为了给自己祈求来年遂心如愿。后者，则是为了预祝自己在新的一年的12个月里，月月诸事顺利。

(三) 习俗禁忌

在西班牙，鲜花乃是人际交往中送礼的佳品。但是，被其他欧美国家人士视为“爱情之花”的红玫瑰，除了被西班牙人送给演员和女朋友之外，以之送给其他女性，也是许可的。不允许送给西班牙人的鲜花，主要有菊花与大丽花两种，因为两者在西班牙均被看做是死亡的化身。在西班牙，雄鹰和狮子都深受人们的宠爱。充满了“刀光剑影”的斗牛活动，不仅是一项融力量、胆识、技巧于一体的竞技活动，而且也是西班牙人机智勇敢、尚武好斗精神的直接写照。在西班牙，斗牛活动已被其视为“国粹”，几乎每个西班牙人都乐此不疲。

在西班牙人眼里，著名的斗牛士自然是自己的偶像。在色彩方面，西班牙人最欣赏的，是象征吉祥的红色、象征高贵的黄色和象征庄严的黑色。在数字方面，西班牙人非常忌讳“13”“666”与“星期五”。他们认为，碰上这类数字或日期，往往会使灾难或厄运临头。西班牙人在日常生活里对花卉、石榴百看不厌，但是对于山水、亭台和楼阁，他们却很不喜欢。与西班牙人交谈，不宜对天主教和斗牛活动予以非议，不宜将西班牙政治与外国政治进行比较，不宜对其国内的政治纠纷、恐怖主义活动或民族问题予以涉及。出于尊重交往对象的考虑，西班牙人一般不对别人说“不”字。西班牙人需要提醒别人“当心”或“注意”时，时常会用其左手的食指先是放在下眼睑上，然后往外一抽。在过元旦的那一天，西班牙人认为小孩子打架、骂人或是哭哭啼啼，都是不祥的预兆。为了不让小孩子们这样做，在这一天大人们往往会对小孩子有求必应，刻意讨好他们。

项目十二　美洲国家和地区礼仪习俗与禁忌

任务一　美　国

美洲分南美洲和北美洲。北美洲主要国家是美国和加拿大。旅游业在美国、加拿大也很发达。其礼仪习俗既继承欧洲传统，又有创新，比较开放和现代化。

美洲除了美国、加拿大以外的区域，称为“拉丁美洲”，包括南美洲和北美洲南部。拉丁美洲的礼仪习俗主要继承西班牙、葡萄牙的传统，也受当地传统的影响。

(一) 礼节礼貌

在一般情况下，同外人见面时，美国人往往以点头、微笑为礼，或者只是向对方“嗨!”上一声作罢。不是特别正式的场合，美国人甚至连国际上最为通行的握手礼也略去不用了。若非亲朋好友，美国人一般不会主动与对方亲吻、拥抱。在称呼别人时，

美国人极少使用全称。他们更喜欢交往对象直呼其名，以示双方关系密切。若非官方的正式交往，美国人一般不喜欢称呼官衔，或是以“阁下”相称。对于能反映其成就与地位的学衔、职称，如“博士”“教授”“律师”“法官”“医生”等，他们却是乐于在人际交往中用做称呼的。在一般情况下，对于一位拥有博士学位的美国议员而言，称其为“博士”，肯定比称其为“议员”更受对方的欢迎。美国人崇尚“女士优先”，都忌讳老。

美国人穿着打扮的基本特征是尊尚自然，偏爱宽松，讲究着装体现个性。在日常生活之中，美国人大多是宽衣大裤。拜访美国人时，进了门一定要脱下帽子和外套。穿深色西装套装时穿白色袜子，或是让袜口露出自己的裙摆之外，都是缺乏基本的着装常识的表现。女性最好不要穿黑色皮裙，不要随随便便地在男士面前脱下自己的鞋子，或者撩动自己裙子的下摆，否则有成心引诱对方之嫌。

(二) 饮食习惯

在一般情况下，美国人以食用肉类为主，牛肉是他们的最爱，鸡肉、鱼肉、火鸡肉也受其欢迎。若非穆斯林或犹太教徒，美国人通常不禁食猪肉。爱吃羊肉者极其罕见。喜食“生”“冷”“淡”的食物，不刻意讲究形式与排场，强调营养搭配。不吃狗肉、猫肉、蛇肉、鸽肉，动物的头、爪及其内脏，生蒜、韭菜、皮蛋等。

美国人的饮食日趋简便与快捷，热狗、炸鸡、土豆片、三明治、汉堡包、面包圈、比萨饼、冰激凌等，老少咸宜，是其平日餐桌上的主角。爱喝的饮料有冰水、矿泉水、红茶、咖啡、可乐与葡萄酒。新鲜的牛奶、果汁，也是他们天天必饮之物。

用餐时一般以刀叉取用。切割菜肴时，习惯于先是左手执叉，右手执刀，将其切割完毕，然后，放下餐刀，将餐叉换至右手，右手执叉而食。讲究斯文用餐。其用餐的戒条主要有下列六条。其一，不允许进餐时发出声响。其二，不允许替他人取菜。其三，不允许吸烟。其四，不允许向别人劝酒。其五，不允许当众宽衣解带。其六，不允许议论令人作呕之事。

(三) 习俗禁忌

美国的节日比较多。7 月 4 日为美国独立日。美国的政治性节日还有国旗日、华盛顿诞辰纪念日、林肯诞辰纪念日、阵亡将士纪念日等。2 月 14 日为情人节，在这一天，恋人之间都要互赠卡片和鲜花。5 月第二个星期日为母亲节，6 月第三个星期日为父亲节，是美国的法定节日。11 月第四个星期四是感恩节，也叫火鸡节，是美国特有的节日。这一天也是家人团聚、亲朋欢聚的日子，还要进行化装游行、劳作比赛、体育比赛、戏剧表演等活动，十分热闹；火鸡、红莓苔子果酱、甘薯、玉米汁、南瓜饼等节日佳肴让人大饱口福。12 月 25 日为圣诞节，是美国最盛大的节日。全城通宵欢庆，教徒们跟随教堂唱诗班挨户唱圣诞颂歌，装饰圣诞树，吃圣诞蛋糕。

蝙蝠被视为吸血鬼与凶神，忌讳黑色，最讨厌的数字是“13”和“3”。他们不喜

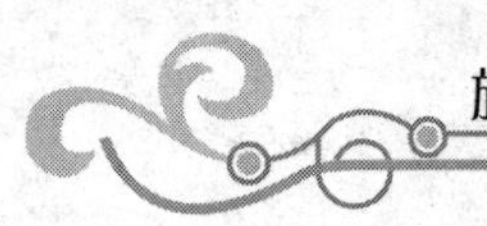

欢的日期则是星期五。忌讳在公共场合和他人面前，蹲在地上，或是双腿叉开而坐。忌用下列体态语：盯视他人；冲着别人伸舌头；用食指指点交往对象；用食指横在喉头之前。在美国，成年的同性共居于一室之中，在公共场合携手而行或是勾肩搭背，在舞厅里相邀共舞等，都有同性恋之嫌。不宜送给美国人的礼品有香烟、香水、内衣、药品以及广告用品。跟美国人相处时，与之保持适当的距离是必要的。一般而论，与美国人交往时，与之保持 50～150 厘米的距离，才是比较适当的。他们认为，个人空间不容冒犯。因此在美国碰了别人要及时道歉，坐在他人身边先要征得对方认可，谈话时距对方过近则是失敬于人的。

在美国，最忌讳他人打探其个人隐私，询问他人收入、年龄、婚恋、健康、籍贯、住址、种族等，都是不礼貌的。美国人大都认定“胖人穷，瘦人富”，所以他听不得别人说自己“长胖了”。与美国黑人交谈时，既要少提“黑”这个词，又不能打听对方的祖居之地。

任务二 加拿大

（一）礼节礼貌

对关系普通者，一般握手致意作为见面礼节。亲友、熟人、恋人或夫妻之间以拥抱或亲吻作为见面礼节。分手时也行握手礼。加拿大人跟外人打交道时，只有在非常正式的情况之下，才会对对方连姓带名一同加以称呼，并且彬彬有礼地冠以“先生”“小姐”“夫人”之类的尊称。在一般场合里，加拿大人在称呼别人时，往往喜欢直呼其名，而略去其姓。在加拿大，父子之间互称其名是常见之事。对于交往对象的头衔、学位、职务，加拿大人只有在官方活动中才会使用。在日常生活里，他们绝对不习惯像中国人那样，以“主任”“局长”“总经理”“董事长”之类，去称呼自己的交往对象。

与加拿大土著居民进行交际时，不宜将其称为“印第安人”或“爱斯基摩人”。前者被认为暗示其并非土著居民，后者的本意则为“食生肉者”，因而具有侮辱之意。对于后者，应当采用对方所认可的称呼，称之为“因纽特人”。对于前者，宜以对方具体所在的部族之名相称。

加拿大人的着装以欧式为主。上班的时间，他们一般要穿西服、套裙。参加社交活动时，他们往往要穿礼服或时装。在休闲场合里，他们则讲究自由穿着，只要自我感觉良好则可。每逢节假日，尤其是在欢庆本民族的传统节日时，大都有穿着自己的传统民族服装的习惯。

（二）饮食习惯

加拿大人对法式菜肴较为偏爱，并且以面包、牛肉、鸡肉、鸡蛋、土豆、西红柿

等物为日常之食。在口味方面，比较清淡，爱吃酸、甜之物。在烹制菜肴时极少直接加入调料，而是惯于将调味品放在餐桌上，听任用餐者各取所需，自行添加。从总体上讲，他们以肉食为主，特别爱吃奶酪和黄油。加拿大人特别爱吃烤制的食品。在用餐之后爱吃一些水果。在饮品方面，喜欢咖啡、红茶、牛奶、果汁、矿泉水。还爱喝清汤，并且爱喝麦片粥。忌食肥肉、动物内脏、腐乳、虾酱、鱼露以及其他一切带有腥味、怪味的食物。动物的脚爪和偏辣的菜肴，他们也不太喜欢吃。用餐时一般使用刀叉。忌讳在餐桌上吸烟、吐痰、剔牙。一日三餐中最重视的是晚餐。

(三) 习俗禁忌

加拿大的主要节日有：国庆日 7 月 1 日，元旦，枫糖节。元旦，人们将瑞雪作为吉祥的征兆，哈德逊湾的居民在新年期间，不但不铲平阻塞交通的积雪，还将雪堆积在住宅四周，筑成雪岭。他们认为，这样就可以防止妖魔鬼怪的侵入。枫糖节，加拿大盛产枫树，其中以东南部的魁北克和安大略两省枫叶最多最美。每年三四月间，一年一度的枫糖节就开始了。几千个生产枫糖的农场装饰一新，披上节日的盛装，吸引了无数的旅游者。冬季狂欢节，在加拿大东南部港口城市魁北克，每年从 2 月的第一个周末起，都举行为期 10 天的冬季狂欢节。狂欢节规模盛大，活动内容丰富多彩。

白色的百合花主要被用于悼念死者。因其与死亡相关，所以绝对不可以作为礼物送给加拿大人。“13”被视为“厄运”之数，“星期五”则是灾难的象征，加拿大人对于两者都是深为忌讳的。在老派的加拿大人看来，打破了玻璃，请人吃饭时将盐撒了，从梯子底下经过，都是不吉利的事情，都是应当竭力避免的。与加拿大人交谈时，不要插嘴打断对方的话，或是与对方强辩。在需要指示方向或介绍某人时，忌讳用食指指指点点，而是代之以五指并拢、掌心向上的手势。

任务三　巴　西

(一) 礼节礼貌

通常以拥抱或者亲吻作为见面礼节。只有在十分正式的活动中，他们才相互握手为礼。巴西民间流行着一些较为独特的见面礼节。其一，是握拳礼。主要用于问安或致敬。行此礼时，先是要握紧自己的拳头，然后向上方伸出拇指。其二，是贴面礼。它是巴西妇女之间所采用的见面礼节。在行礼时，双方要互贴面颊，同时口里发出表示亲热的亲吻声。但是，用嘴唇真正去接触对方的面颊，却是不允许的。其三，是沐浴礼。它是巴西土著居民迎宾的礼节。当客人抵达后，主人必定要做的头一件事，便是邀请客人入室洗浴。客人沐浴的时间越久，就表示越尊重主人。有时，主人还会陪同客人一道入浴。宾主双方一边洗澡，一边交谈，显得大家亲密无间。遇婚丧大事，登门顾客较多时，主人往往搭建临时浴棚，以确保每位客人都能行沐浴礼。在一般情况下，巴西人喜欢彼此直呼其名。有些时候，则会采用以本名加父姓组合而成的简称。一个人的姓名全称只有在极为正式的场合，才有可能使用。

在正式场合中，巴西人主张一定要穿西装或套裙。在一般的公共场合，男人至少要穿短衬衫、长西裤，妇女则最好穿高领带袖的长裙。相对而言，妇女的着装更为时髦一些，爱戴首饰，爱穿花衣裳，并且喜欢色彩鲜艳的时装。在一般情况下，巴西妇女大都喜欢赤脚穿鞋。在巴西，黑人妇女一般爱穿短小紧身的上衣、宽松肥大的花裙，并且经常身披一块又宽又长的披肩。

（二）饮食习惯

巴西人平常主要是吃欧式西餐。因为畜牧业发达，食物之中肉类所占的比重较大。最爱吃牛肉，尤其是爱吃烤牛肉。黑豆是其重要的主食。最爱吃的菜肴名为“烩费让”，“费让”，意即杂豆，它是用黑豆、红豆等杂豆，加上猪肉香肠、烟熏肉、甘蓝菜、橘子片，用沙锅烹煮而成。在巴西，“烩费让”被称为国菜，是宴请时不可缺少的主角。喜饮咖啡、红茶和葡萄酒。他们几乎天天离不开咖啡，还喜欢以之待客。饮酒时提倡饮而不醉。醉酒，被巴西人视为粗俗至极。

（三）习俗禁忌

巴西人的主要节日有元旦节、狂欢节、基隆博节等。巴西人视“金桦果”为幸福的象征。在新年来临之际，人们倾家而出，高举火把，拥入山林去寻找“金桦果”。狂欢节于每年 2 月 20 日举行，是巴西人民的传统节日之一。每当节日来临，举国上下沉浸在一片欢乐的气氛中。它不仅给巴西人民带来了欢乐，也推动了巴西国际旅游业的发展。基隆博节是巴西东北部人民的传统节日，于每年金秋时节举行。“基隆博”在葡文中是“逃奴堡”之意。

出于宗教方面的原因，巴西人忌讳“13”这一数字。他们所忌讳的色彩，则是被其视为象征悲伤的紫色和代表凶丧的棕黄色。在人际往来中，巴西人极为重视亲笔签名。不论是写便条、发传真，还是送礼物，他们都会签下自己的姓名，否则就是不重视交往对象。对使用图章落款的做法，巴西人是不习惯的。跟巴西人打交道时，不宜向其赠送手帕或刀子。英美人所采用的表示“OK”的手势，在巴西人看来，是非常下流的。

项目十三　宗教礼仪

宗教礼仪是宗教信仰者为表达对崇拜对象的尊敬和崇拜而举行的各种仪式和活动，是巩固和发展宗教信仰、宗教组织、宗教情感的重要手段，它担负着满足广大信仰者心理需要的社会功能。

任务一　基督教礼仪

(一) 基督教常识

1. 教源

在基督教的发展史上，发生过两次大的分裂，由此形成天主教、东正教和新教三大教派。

第一次大的分裂于公元 11 世纪中叶，罗马东、西教会经过长达 700 年之久的纷争后，因争夺教权而最终彻底决裂。分裂为西部的天主教和东部的正教。天主教也称“公教”，因为它以罗马为中心，所以又称“罗马公教”。公教传入中国后，其信徒们称所信奉的至高之神为“天主”，所以被称为“天主教”。以君士坦丁堡为中心的大部分东派教会自称“正教”，意为保有正统教义的正宗教会。因其为东派教会，故在我国被称为“东正教”。

第二次大的分裂在公元 16 世纪，因罗马天主教内部宗教改革而引发。这场改革运动从天主教中分离出基督教的一个新的派别——新教。在中国，新教又被称为耶稣教或基督教。在基督教三大教派内部又逐渐发展出许多宗派，如天主教分罗马天主教和非罗马天主教；东正教分俄罗斯东正教、希腊东正教等；基督教新教中有圣公会、长老会、浸礼会、公理会、卫理会及信义会等。

2. 经典

基督教以《旧约全书》和《新约全书》为基本经典，合称为《圣经》。《圣经》是其宗教信仰的最高权威，是其教义、神学、教规、礼仪的依据。它既是一部宗教经典又是不可多得的古代历史资料，它涉及政治、历史、宗教、哲学、文艺、社会、伦理、法律等方面，具有相当高的研究价值。

3. 教义

基督教各派的教义有所差异，但其基本教义是相同的。基督教认为，耶和华（上帝的名字）是基督教信仰的唯一真神。认为人类从始祖亚当和夏娃开始就犯下了罪，人们只有信仰上帝及其儿子耶稣基督才能获救。因此，基督教各派一般都信奉下列基本信条。

①信仰上帝。上帝是天地主宰，是天地万物的唯一创造者。

②信基督救赎。基督教认为世人是无法拯救自己的，故上帝派圣子耶稣降临人世，以自己在十字架上牺牲为全人类赎罪。人类只有依靠耶稣基督才能得救，获得永生。

③信始祖原罪。基督教相信上帝“按自己的形象”创造了人，人有肉体和灵魂。可是，人类因其始祖亚当、夏娃违背上帝的旨意，偷吃禁果而陷入罪恶之中不能自救，并传给了后世子孙，被基督教认为是人类的“原罪”。基督教认为世人一生下来就具有

“原罪”，这就是世上一切罪恶和苦难的根源。

④信灵魂不灭，末日审判。基督教认为人死后灵魂不灭，后终结，依生前行为，上帝将对世人作最后审判。善者升入上帝所造的新天地中永生长存，恶人将下地狱。

4. 标记

十字架是基督教的标记。因为耶稣殉难于十字架上。

(二) 基督教的礼仪

1. 称谓

在基督教内部，普通信徒之间可称平信徒。新教的教徒，可称兄弟姐妹（意为同是上帝的儿女）或同道（意为共同信奉耶稣所传的道）。在我国，平信徒之间习惯称“教友”。对宗教职业人员，可按其教职称呼，如某主教、某牧师、某神父、某长老等，对外国基督教徒可称先生、女士、小姐或博士、主任、总干事等学衔或职衔。

2. 圣洗（洗礼）

这是基督教的入教仪式。经过洗礼后，就意味着教徒的所有罪过获得了赦免。

3. 坚振

坚振也称“坚信礼”，是为坚定教徒的信仰而举行的一种仪式。即入教者在接受洗礼后，一定时间内再接受主教的按手礼和敷油礼。

4. 祈祷

祈祷俗称祷告，是指基督教徒向上帝和耶稣表示感谢、赞美、祈求或认罪的行为。祈祷包括口祷和默祷两种形式，个人可以独自在家进行，也可以利用聚会时，由牧师或神父作为主礼人。祈祷者应始终保持必要的仪态，维系一种“祭神如神在”的虔诚。礼毕，须称“阿门”，意为“真诚”，表示“唯愿如此，允获所求”。

5. 礼拜

礼拜每周一次，一般星期日在教堂中举行。主要内容有祈祷、唱诗、读经、讲道等项目。在礼拜时，教堂内常置有奉献箱，或传递收捐袋，信徒可随意投钱，作为对上帝的奉献。

6. 告解

告解俗称“忏悔”。是天主教的圣事之一，是耶稣为赦免教徒在领洗后对所犯错误向上帝请罪，使他们重新得到恩宠而定立的。忏悔时，教徒向神父或主教告明所犯罪过，并表示忏悔；神父或主教对教徒所告请罪指定补赎方法，并为其保密。

7. 圣餐

这是纪念基督救赎的宗教仪式，这一仪式又称“弥撒”，天主教称圣体，东正教称圣体血。据《新约全书》称，耶稣在最后的晚餐时，拿出饼和葡萄酒祈祷后分发给十二位门徒，说：“这是我的身体和血，是为众免罪而舍弃和流出的。”因此，天主教和东正教认为领“圣体”或“圣体血”，意为分享耶稣的生命。在仪式上，由众教徒向神

职人员领取祝圣后的面饼和葡萄酒，它象征吸收了耶稣的血和肉而得到了耶稣的恩宠。

8. 终敷

终敷是基督教教徒在病情危重或临终前请神职人员为其敷擦“圣油”，以赦免其一生罪过的宗教仪式。

9. 派立礼

派立礼是授予神职的一种仪式。一般由主礼者将手按于领受者头上，念诵规定文句即可成礼。

10. 婚配

教徒在教堂内，由神职人员主礼，按照教会规定的仪式正式结为夫妻，以求得到上帝的祝福。

(三) 基督教的主要节日

1. 圣诞节

圣诞节是纪念耶稣诞辰的节日，又称耶稣圣诞节、主降生节、耶稣圣诞瞻礼。由于历法不同，大多数教会定于每年的12月25日为圣诞节，东正教会则定为每年的1月6日或7日，这是西方国家每年最隆重的节日。在圣诞节这一天，通常举行各种形式的娱乐和庆祝活动。人们互赠礼物，举办家庭宴会。圣诞老人和圣诞树为节日增添了喜庆的色彩。

2. 复活节

复活节是纪念耶稣复活的节日，是仅次于圣诞节的重大节日。根据《圣经·新约》记载，耶稣被钉死在十字架后第三天“复活”。公元325年，基督教会规定每年春分月圆后的第一个星期天为复活节。鸡蛋和兔子是复活节的吉祥物。在这一天，各个国家和地区都有不同的庆祝方式，最普遍的是人们互赠象征生命和繁荣的复活彩蛋。

3. 圣灵

降临节据《圣经》记载，耶稣“复活”后第40日“升天”，第50日差遣“圣灵”降临；门徒领受圣灵后开始传教。据此，基督教会规定：每年复活节后第50天为圣灵降临节，又称五旬节。

除了以上的节日外，基督教的主要节日还有：受难节（复活节的前两天）、显现节（公历1月6日）、耶稣升天节（复活节后第40天）、棕枝主日（复活节前一周的星期天）、三一主日（圣灵降临后的星期天）。

(四) 基督教的禁忌

(1) 忌讳崇拜除上帝以外的偶像。向基督徒赠送礼品，要避免上面有其他宗教的神像或者其他民族所崇拜的图腾。要尊重基督徒的信仰，不能以上帝起誓，更不能拿上帝耶稣开玩笑。基督教由于教派不同，其各个教派的教条也有所不同，为了避免无意中损伤感情，对一些问题一定要弄清楚。

(2) 忌食带血的食物。

(3) 忌讳衣冠不整。

(4) 基督徒有守斋的习惯。基督教规定，教徒每周五及圣诞节前夕（12月24日）只食素菜和鱼类，不食其他肉类。天主教还有禁食的规定，即在耶稣受难节和圣诞节前一天，只吃一顿饱饭，其余两顿只能吃得半饱或者更少。基督徒在饭前往往要进行祈祷，如和基督徒一起用餐，要待教徒祈祷完毕后，再拿起餐具。

(5) 忌讳“13”和星期五。另外，他们讨厌“13”这个数字和“星期五”这一天。在基督徒眼中“13”和“星期五”是不祥的，要是13日和星期五恰巧是同一天，他们常常会闭门不出。在这些时间，千万别打扰他们。

任务二　佛教礼仪

佛教是世界三大宗教中创立最早的，也是传入我国最早的一个。迄今已有两千多年的历史。

(一) 佛教常识

1. 教义

佛教的基本教义是“四圣谛”“八正道”“十二因缘”“三法印”和“因果报应”。

(1)“四圣谛”是佛教各派共同承认的基本教义。所谓“谛”，即真理的意思。它包括苦谛、集谛、灭谛和道谛。四圣谛是佛教最基本的人生观和解脱观，苦、集二谛说明人生的本性及其形成的原因；灭、道二谛指明人生解脱的归宿和解脱的手段和方法。

(2)“八正道”是把“四谛”的进一步具体化，指出了达到“涅槃”境界的八种途径和方法。这八种方法是正见（正确见解）、正思（正确思维）、正语（正确的语言）、正业（正确的行业）、正命（正确的生活）、正精进（正确的努力）、正念（正确的意念）、正定（正确的禅定）。

(3)“十二因缘”，也称“十二缘生”，是苦、集二谛的延伸，其主要内容是分析苦因和论述三世轮回。

(4)“三法印”是佛教教义最集中的体现和概括。即“诸行无常”（世界万物变化无常）、“诸法无我”（万物都是由各种因缘和合而成的，没有独立的实体存在）和“涅巢寂静”（跳出轮回之苦，达到忘我境界）。

(5)“因果报应”。佛教观点认为，人生涉历过去、现在、未来三世，现世的果必然有过去世的因，现世的因必将引出未来世的果。过去的一生行为，决定今世一生的状况；今世一生的行为，决定来世一生的状况。这其中的循环与因果关系称为“因果报应”。

2. 经典

佛教的经典总集称大藏经。“大”这里是一种褒义，表示佛经的经典穷天地之极至，无所不包。它由三大部分组成，即经、律、论三藏，故又称“三藏经”。其中，经藏是以佛祖释迦牟尼的语气叙述的典籍；律藏是佛祖为约束佛教徒的言行而制定的种种清规戒律；论藏则是历代佛教学者阐释佛经和阐发各宗各派学说的论著。主要佛经有《大般若波罗蜜多经》《金刚经》《妙法莲华经》《观音经》《大方广佛华严经》。

3. 标记

佛教的旗帜或佛像的胸间，一个是表示吉祥万德的的标记。武则天将其定名为“万”，以为太阳光芒四射和燃烧的火，表示吉祥万德。另一个是法轮，以为佛之法轮如车轮转动不息，可催破终生烦恼。

4. 供奉对象

佛教的供奉对象由（意为“觉他、觉行圆满者”）、菩萨（意为“自觉、觉他者”）、罗汉（意为“自觉者”）及护法天神者等。

(二) 佛教的主要礼仪

1. 称谓

佛教的称谓多属中印合璧，不仅特殊，而且颇具神秘色彩。在社会各界人士与佛教徒的交往日益增多的过程中，由于对佛教称谓缺乏了解，往往造成一些不必要的混乱和隔膜。因此，旅游接待人员，尤其是导游人员了解和掌握这些称谓的不同，能准确地说出他们的称谓，在接待工作中是非常必要的。

佛教的教制、教职在各国不尽相同，称谓也不完全一致。在我国寺院中的主要负责人称“住持”或“方丈”，负责处理寺院内部事物的称“监院”，负责对外联系的称“知客”，他们都可被尊称为“高僧”“长老”“大师”“法师”等。

佛门弟子依受戒律等级的不同，可分为出家五众和在家两众。出家五众是指沙弥、沙弥尼、式叉尼、比丘、比丘尼。在家两众是指优婆塞和优婆夷。佛教徒中出家的男性称“比丘”，简称“僧”，俗称“和尚”；出家的女性称“比丘尼”，简称“尼”，俗称“尼姑”。“僧”“尼”，亦可尊称“法师”“师太”。不出家而遵守一定戒律的佛教信徒称“居士”，可尊称为“檀越”“护法”“施主”等。凡出家的佛教徒必须剃除须发，披上袈裟，称为“披剃”。僧尼一经“披剃”，即入住寺院，开始过与世俗隔绝的生活。

2. 佛事仪式

佛教的佛事，又称法事，是佛教的宗教活动。它有一整套的固定仪式，为僧尼修行的主要有受戒、顶礼、功课等，为信徒、施主等修福的有佛诞法会、水陆法会等。在寺院中所举行的佛事，要以水陆法会为最盛大，以焰口施食为最经常，其次，是常常举行斋天和放生。

(1) 受戒。受戒是佛教徒接受戒律的仪式。受过戒的佛教徒应自觉遵守佛教的各种戒律。应遵守的戒律有三皈五戒、十戒和具足戒。

①三皈五戒。三皈，即在家的男子教徒进入佛门时的一种仪式。在家男子进入佛门时必需求一位法师为他授皈依法。如果举行正式的三皈五戒，须两个小时左右。此外，还要受五戒，五戒指第一不可杀生，第二不可偷盗，第三不可邪淫，第四不可饮酒，第五不可妄语。佛教徒受了三皈五戒之后方能称为“居士”。

②十戒。十戒是指沙弥、沙弥尼所受的十条戒律。沙弥、沙弥尼是指7岁以上、20岁以下受过十戒的出家男子和女子，汉族地区普遍称小和尚和小尼姑。十条戒律除了五戒之外，还应不装饰打扮、不视听歌舞、不坐高广大床、不食非时食、不蓄金银财宝。

③具足戒。具足戒又叫“比丘戒”“大戒”。当沙弥年满20岁时，举行仪式，授予“具足戒”。信徒受具足戒后，才能取得正式的僧尼资格。

(2) 顶礼。顶礼为佛教最高礼节，即向佛、菩萨或上座所行的礼节。行顶礼时双膝跪下，两肘、两膝和头着地，而后用头顶尊者之足，故称“顶礼”。出家的教徒对佛像必须行顶礼。头面接足，是表示恭敬至诚，这就是俗语说的“五体投地”。

(3) 功课。在寺庙里，僧尼每天的必修课为朝暮课诵，又名早晚功课，或是五堂功课。寺庙一般在4：00就打催起板（起床号令），僧尼盥洗完毕，齐集在大雄宝殿，恭敬礼佛，端坐蒲团，听候大钟大鼓结束声。随后即起，随众念诵早课楞严、火悲、十小咒、心经等，这是二堂功课。晚课在16：00左右，僧尼立诵弥陀经和跪念八十八佛忏悔文、发愿、回向、放蒙山，这是三堂功课。回向的意思就是将自己念诵的功课回归向往，使大众都能亲证佛果。社会上流行的“晨钟暮鼓”成语，就是由佛教寺庙里的早晚功课而来的。

(4) 水陆法会。水陆法会全名为“法界圣凡水陆普度大斋盛会”，也称“水陆道场”，因其超度水陆一切鬼魂、普度六道众生而得名。少则7天，多则49天。

(5) 佛诞法会。佛诞法会是佛教中最大的节日，时间是每年的四月初八。在这一天要举行“浴佛法会”，就是大殿用灌佛盘，在盘中的莲花台上安置太子像（释迦牟尼诞生像）。这像是很小的童子立像，右手指天，左手指地，象征“天上天下，唯我独尊”。这日各寺要举行纪念仪式。

3. 佛教的礼节

(1) 合十。这是佛教徒的普通常用礼节，也称合掌。施礼时双手手心相对合拢，手指向上，专注一心，口念“阿弥陀佛”，以示尊敬。一般教徒在见面时，多施合十礼。参拜佛祖或拜见高僧时要行跪合十礼，行礼时，右腿跪地，双手合掌于眉心中间。

(2) 南无。南无念“那摩”，是佛教信徒一心归顺于佛的致敬语。常用来加在佛、菩萨名或经典题名之前，以表示对佛、法的尊敬和虔信。“南无”意思是“把一切献给××”或“向××表示敬意”。如称南无阿弥陀佛，则表示对阿弥陀佛的致敬和归顺。

(3) 忏悔。佛教理论认为，只有心身清净的人才能悟得正果。但是世间是污浊的，即使出家人也可能随时身遭“垢染”，影响自己的功德。然而信徒不必因此而担心，因为通过忏悔可灭除以往所有的罪过。

(三) 佛教的主要节日

佛教的节日，在不同教派、不同地区都有所不同。

1. 佛诞节

在南传佛教盛行的东南亚国家如斯里兰卡、缅甸、泰国等，根据上座部的传说，以四月十五日为佛诞生日，同时也是佛成道日、佛涅日。佛成道以后，到鹿野苑为五比丘开始说法，经过四十九天，即六月初四为佛初转法轮日。这天，佛教徒应到寺院旋绕佛塔。佛诞生后七天，佛的生母摩耶夫人便逝世而生在兜率天。传说佛成道后，曾经有一年到兜率天安居，为生母说法三个月，然后由天上从三道宝阶下来人间，这便是九月二十二日，这天称为“天降节”，各寺也要举行纪念仪式。

2. 法会

在藏传佛教盛行的我国藏蒙地区，除了以四月十五日为佛的诞生日、成道日、涅槃日外，西藏拉萨“三大寺”僧众及各地佛教徒，还在藏历正月初三至二十四日举办“传大召”（意为大祈愿）法会。法会期间进行辩经，考选藏传佛教最高学位——格西。并于二月下旬举办规模略小的“传小召”法会，选拔二等格西。

3. 浴佛节和盂兰盆节

汉传佛教最大的节日，在一年之中有两个，一是四月初八的“浴佛节”，二是七月十五日的“盂兰盆节”。此外，还有诸佛菩萨的圣诞及纪念日。遇到以上节日，僧人将在有关殿堂做法事、念佛号或举行其他纪念仪式。

(四) 佛教的禁忌

1. 僧尼戒规

佛教规定其弟子在日常生活和行为方面都要遵守“四威仪”和“十重戒”。“四威仪”是指僧尼的行、站、坐、卧应该保持的威仪德相，不容许表现举止轻浮，一切都要遵礼如法。所谓“行如风、站如松、坐如钟、卧如弓”，就是僧尼应尽力做到的。这是因为所受“具足戒”戒律上对行、住、坐、卧的动作都有严格的规定，如果举止违反规定，就不能保持其威严。

“十重戒”即戒杀生、偷盗、淫欲、妄语、饮酒、说过罪、自赞毁他、悭、嗔、谤三宝。此外，饮食戒有三项，着装戒有一项。

(1) 过午不食。按照佛教教制，比丘每日仅进一餐，后来也有进两餐的，但必须在午前用毕，过午则不能进食。这是佛教中对僧尼的一个戒条，叫“过午不食戒”。在东南亚一带，僧尼和信徒一日两餐，过了中午不能吃东西，午后只能喝白开水。我国汉族地区因需要自己在田里耕作，体力消耗较大，晚上非吃东西不可，所以少数寺庙里开了“过午不食戒”，但晚上所吃的东西称为药食。然而，在汉地寺庙的僧尼中，持“过午不食戒”的人仍不少。

(2) 不吃荤腥。荤食和腥食在佛门中是两个不同的概念。荤专指葱、蒜、辣椒等气味浓烈、刺激性强的东西。因为吃了这些东西不利于修行，所以为佛门所禁食。腥则指鱼、肉类食品。东南亚国家僧人多信仰小乘佛教，或者到别人家托钵乞食，或是由附近人家轮流送饭，无法挑食，所以无论素食、肉食，只能有什么吃什么。我国大乘佛教的经典中有反对食肉的条文，汉地僧人是信奉大乘佛教的，所以汉族僧人和很多在家的居士都不吃肉。在我国蒙藏地区，僧人虽然也信奉大乘佛教，但是由于气候和地理原因，缺乏蔬菜，所以食肉。但无论食肉与否，大小乘教派都禁忌荤食。

(3) 不喝酒。佛教徒都不饮酒，因为酒会乱性，不利于修行，所以严格禁止。

(4) 不着杂色衣。佛教戒律规定，佛教僧人只能穿染衣，不能用杂色。不过现在佛教僧人的服装颜色也有变化，分不同场合，也用黄色、赤色等颜色。

2. 其他禁忌

(1) 交往禁忌。佛教徒内部不用握手礼节，不要主动伸手与僧众相握，尤其注意不要与出家的尼众握手。非佛教徒对寺院里的僧尼或在家的居士行礼，以合十礼为宜。

(2) 行为禁忌。佛寺历来被佛教视为清净圣地，所以，非佛教徒进入寺庙时，衣履要整洁，不能着背心、打赤膊、穿拖鞋。当寺内要举行宗教仪式时，不能高声喧哗以及做出其他干扰宗教仪式或程序的举动。未经寺内执事人员允许，不可随便进入僧人寮房以及其他不对外开放的坛口。另外，为保持佛门清净，严禁将一切荤腥及其制品带入寺院。

(3) 祭拜禁忌。人寺拜佛一般要烧香，这是为了袅袅香烟扶摇直上，把诉诸佛的“信息”传递给众佛。但在拈香时要注意香的支数，由于佛教把单数看成吉数，所以烧香时，每炷香可以有很多支，但必须是单数。

(4) 国别禁忌。在缅甸，佛教徒忌吃活物，有放生与不杀生的习俗。忌穿鞋进入佛堂与一切神圣的地方。他们认为制鞋用的是皮革，是杀生所得，并且鞋子踏在脚下是肮脏的物品，会玷污圣地，受到报应。

在日本，有佛事的祭祀膳桌上禁忌带腥味的食品，同时忌食牛肉。忌妇女接触寺庙里的和尚，忌妇女送东西给和尚。在泰国，佛教徒最忌讳别人摸他们的头。即使是大人对小孩的抚爱也忌讳摸头顶，因为按照传统的佛俗认为头部是最高贵的部位，抚摩或其他有关接触别人头部的动作都是对人的极大侮辱。同时还忌讳当着佛祖的面说轻率的话。佛教徒购买佛饰时忌说“购买”，只能用“求租”或“尊请”之类的词，否则被视为对佛祖的不敬，会招来灾祸。在中国，佛教徒忌别人随意触摸佛像、寺庙里的经书、钟鼓以及活佛的身体、佩戴的念珠等被视为“圣物”的东西。流行于傣、布朗、德昂等少数民族中的“南传上座部佛教”另有一些禁忌。如在德昂族中，在“进

洼”（关门节）、“出洼”（开门节）和做摆（庙会）等宗教祭日里，都要到佛寺拜祈三天，忌讳农事生产；进佛寺要脱鞋；与老佛爷在一起时，忌吃马肉与狗肉；妇女一般不能接触佛爷，也不能与老佛爷谈话。德昂族传说“活佛”飞来时先落于大青树上，然后才由佛爷请进佛寺，故视大青树为“神树”，忌砍伐。

任务三　伊斯兰教礼仪

伊斯兰教是与佛教和基督教并列的世界三大宗教之一。公元7世纪初诞生于阿拉伯半岛。它是由伊斯兰教的先知穆罕默德所创，在世界三大宗教中是最具有活力的一个宗教，也是发展最快、最朴实简单的宗教之一。目前世界上信徒约有10亿人之多，他们主要分布在阿拉伯国家以及西亚、中亚、南亚、东南亚和印度、巴基斯坦、中国等地区。在国际社会中，有40多个国家，其穆斯林占全国人口的大多数，其中在部分国家伊斯兰教是法定的国教。

(一) 伊斯兰教常识

1. 教派

伊斯兰教派别众多，其中最有影响的是逊尼派和什叶派。穆罕默德归真后，阿拉伯统治集团在继承者的问题上发生了严重分歧，形成逊尼、什叶两大教派。其中，逊尼派是伊斯兰教最大的教派，被认为是伊斯兰教的正统派，人数约占全世界穆斯林的90%，中国穆斯林大多属于这一派。而与逊尼派对立的什叶派，人数较少，主要分布在伊朗、伊拉克、叙利亚、巴基斯坦、黎巴嫩、科威特等国。

2. 教义

伊斯兰教的基本教义就是信仰安拉是唯一的神。安拉，在我国被穆斯林称为“真主”，西北地区称“胡达”，它是主宰一切的神。人的一切都是由安拉决定的，即所谓“前定”的思想，“万物由天定，生死不由人”正是这个意思。因此，伊斯兰教徒不仅无条件地信仰安拉，还要无条件地信仰安拉的使者穆罕默德。

(1) 伊斯兰教的六大信仰。以基本教义为中心，还构成了伊斯兰教的六大信仰，即信安拉（信仰安拉是创造和主宰万物的唯一之神）、信使者（穆罕默德是安拉派来的使者，负责传达神意，拯救世人）、信天使（相信天使的存在，天使是安拉用“光”创造的妙体，天使只受安拉的差役，执行安拉的命令）、信经典（安拉降示的《古兰经》是伊斯兰教根本的经典）、信前定（人的一生命运以及世上的一切都是由安拉预先安排确定好的）、信后世（人死后其灵魂不死，通过末日审判，或入天国，或下地狱）。

(2) 伊斯兰教的基本实践。伊斯兰教教规规定，每个穆斯林必须履行五项宗教功课，简称“五功”，也称五大天命，即念、礼、斋、课、朝。

①念功，指念诵《古兰经》，主要是念诵清真言，心念或口念“万物非主，唯有真

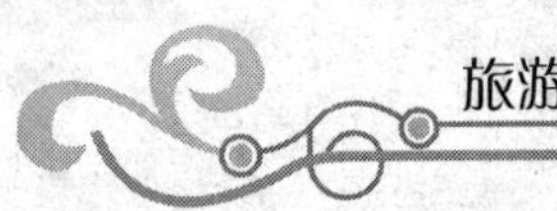

主；穆罕默德，真主使者”。

②礼功，即一日五次礼拜，按规定时间和程序，面向圣地麦加的克尔白（天房）朝拜真主安拉的仪式。每天晨、晌、晡、昏、宵五个时辰面向麦加方向做礼拜五次。每星期五要进行一次“主麻拜”，每年开斋节和宰牲节要进行节日礼拜。日常礼拜前要“小净”（洗脸、洗手等），主麻拜和节日礼拜前要“大净”（沐浴更衣），以示涤罪和保持身体和衣服的洁净。礼拜时要面向麦加大清真寺的克尔白依次完成七个不同的动作，即举两手于头的两旁，口诵“真主至大”；端立，置右手于左手之上，口诵《古兰经》首章；鞠躬，以手触膝，行鞠躬礼；直立并抬起双手，口诵“赞颂主者，主必闻之”；跪下，两手掌附地，叩首至鼻尖触地；跪坐；第二次叩首。从口诵《古兰经》首章开始的这一系列动作，构成一拜。礼拜一般由伊玛目率领集体举行，也可以单独举行。

③斋功，即斋戒。每年伊斯兰教历太阴年九月斋戒一个月。斋月里，穆斯林在日出到日落这段时间内禁止吃喝娱乐等活动。幼儿、旅行者、病人、孕妇和哺乳者可不守斋，但应以延缓补斋或以施舍的办法罚赎。

④课功，即天课。被视为“奉主命而定”的宗教赋税。伊斯兰教规规定，穆斯林每年都要对自己的财产进行清算，除去正常开支外，其盈余财产，要按不同的课率缴纳课税，主要用以救助穷人。在我国，穆斯林均为自愿捐奉。

⑤朝功，即朝觐。朝觐就是朝见圣地，这是真主的要求。今沙特阿拉伯境内的麦加是穆罕默德的诞生地、伊斯兰教的摇篮和圣地。伊斯兰教规定，凡理智健全的成年穆斯林，身体健康、有经济能力者，无论男女，一生中都应前往麦加朝觐克尔白一次。“大朝”（亦称“正朝”）的朝觐时间为伊斯兰教历十二月八日至十二日。“大朝”之日为伊斯兰教的主要节日宰牲节（十二月十日，我国称“古尔邦”节）。朝觐要进行一系列烦琐的宗教仪式。朝觐过的穆斯林被称为“哈吉”。除朝觐季节外，任何时候个人都可单独去麦加朝觐，称为“小朝”或“副朝”。完成过朝觐功课的穆斯林，均可获得“哈吉”的荣誉称号。

(3) 伊斯兰教的善行。主要指穆斯林必须遵循的道德规范。伊斯兰教的六大信仰属于世界观、理论和思想方面；“五功”“善行”则属于实践和行为方面，这两方面的结合构成基本善行内容。

3. 经典

伊斯兰教的经典是《古兰经》和《圣训》。

《古兰经》是伊斯兰教最基本的经典，是伊斯兰教的根本宪章和立法依据，是穆斯林的行为规范和准则。伊斯兰教认为它是穆罕默德在创教过程中向信徒传达的安拉的启示，穆罕默德逝世后由其继任者整理成书。书中记载了穆罕默德的生平和传教活动，伊斯兰教的教义和教规，当时流行的历史传说和寓言、神话、谚语等，内容极为丰富。这部经典既是宗教宪章，又是一部阿拉伯文献，更是一部著称于世的文学巨著，被称

为公元7世纪阿拉伯社会的百科全书。

《圣训》又名《哈迪斯》，意思是“语言”“行为”“道路”，是仅次于《古兰经》的伊斯兰教经典。它同《古兰经》一样都记载着穆罕默德的言论，所不同的是没有采用安拉的名义。《圣训》不仅记载着穆罕默德的言论，而且包括他的日常行为，以及经他许可或默认的他的一些弟子的言行，是《古兰经》的补充和注释。

4. 标记

伊斯兰教的标记是新月。

5. 信奉对象

安拉（即真主）是伊斯兰教信奉的独一无二的主宰。伊斯兰教不设偶像，清真寺礼拜殿内设有圣龛以示朝麦加跪拜的方向，多以阿拉伯经文和花草为饰。

（二）伊斯兰教的主要礼仪

1. 称谓

伊斯兰教信徒称“穆斯林”（意为顺从安拉的人）。信徒之间不分职位高低，都互称兄弟，或叫“多斯提”（意为好友、教友）。对知己朋友称“哈毕布”（意为知心人、心爱者）。对在清真寺做礼拜的穆斯林，统称为“乡老”。对麦加朝觐过的穆斯林，在其姓名前冠以“哈吉”（阿拉伯语意为朝觐者），这在穆斯林中是十分荣耀的称谓。对管理清真寺事务和在清真寺内办经学教育的穆斯林，称“管寺乡老”“社头”“学董”。他们多由当地有钱、有地位、有威望的穆斯林担任。对德高望重、有学识和有地位的穆斯林长者，尊称为“筛海”“握力”“巴巴”和“阿林”等。

伊斯兰教对教职人员和具有伊斯兰教专业知识者通称为“阿訇”。它是对伊斯兰教学者、宗教家和教师的尊称；其中年长者被尊称为“阿訇老人家”。中国伊斯兰教一般称呼在清真寺任职并主持清真寺教务的阿訇为“教长”或“伊玛目”；讲授经训的师长和讲授《古兰经》、圣训及其他伊斯兰教经典的宗教人员都称为“经师”；伊斯兰教教法说明者和协助清真寺伊玛目处理日常教法事务的助手，被称做“穆夫提”；主持清真女寺教务或教学的妇女，称做“师娘”；对在清真寺里求学的学生称“满拉”“海里发”。

2. 殡礼

穆斯林死后实行“土葬，速葬，薄葬”，不用棺椁，用白布裹尸，也不用任何陪葬物或殉葬品，主张三日必葬，入土为安；待葬期间不宴客、不披孝、不磕头、不鞠躬、不设祭品。举行殡礼时，由阿訇或地方长官，或教长或至亲等率众站立默祷，祈求安拉赦免亡人罪过，为亡人祈福。参加殡礼的人要对着亡人的胸部，向西站立，不能站在亡人面前。尸体下土埋葬头南脚北，面朝西，向着圣地“克尔白”。坟墓南北向，长方形。

（三）伊斯兰教的主要节日

1. 开斋节

开斋节是穆斯林的一个重大节日，我国新疆地区称肉孜节。伊斯兰教规定，每年教历九月为穆斯林斋戒月，斋月中每日自破晓至日落禁饮食和房事，谓之“封斋”“把斋”“闭斋”。斋戒结束的前一天要寻看新月，见月的次日为教历十月一日，即开斋节；如未见月，开斋顺延，但封斋满30天即可开斋。节日期间，男女老少都要沐浴更衣，男人们拥向清真寺举行会礼和庆祝活动。妇女们在家里做礼拜，然后探亲访友。青年男女往往选择这一天举行婚礼，以增添欢乐气氛。

2. 古尔邦节（宰牲节）

“古尔邦”是献身和牺牲的意思。又称为“宰牲节”，中国穆斯林称之为“小开斋”或“小尔代节”。在伊斯兰教教历十二月十日，即朝觐克尔日（天房）麦加的最后一天举行庆祝活动。届时，世界各地穆斯林举行盛大的会礼，宰牛、羊、骆驼互相赠送。在中国，信仰伊斯兰教的民族这一天还要举行叼羊、赛马、摔跤等大型文体活动。

3. 圣纪节

圣纪节又称为圣忌日，是仅次于开斋节、古尔邦节的第三大节日。相传穆罕默德的诞生日和逝世日都是在伊斯兰教历三月十二日，不少国家习惯将“圣纪”和“圣忌”合并纪念，俗称“办圣会”。节日的主要活动是诵经、赞圣、宣讲穆罕默德的生平事迹等。

（四）伊斯兰教的禁忌

1. 信仰禁忌

根据“认主独一”的信条，伊斯兰教徒忌任何偶像崇拜，只信安拉；禁模制、塑造、绘制任何动物的图像，包括人的形象也在禁忌之列。所以在伊斯兰建筑艺术与其他艺术作品中只能看到绘制的植物或几何图形。

2. 饮食禁忌

伊斯兰教的饮食禁忌较多。对于自死之物的血液和猪肉以及未诵真主之名而宰杀的动物都禁食。奇形怪状、污秽不洁、爪利锋锐和性情凶恶的飞禽、猛兽及无鳞、无须的鱼类，也在禁食之列。酒是穆斯林生活中的一大禁忌。穆斯林禁酒喜茶，在接待穆斯林客人时，最好用罐装饮料，如客人饮茶要用清真茶具。伊斯兰教在饮食方面还有两条附加规定：其一是可食之物在食用时也不能过分和毫无节制，其二是禁食之物在迫不得已的情况下食之无过。

3. 行为禁忌

穆斯林每天要做五次礼拜，在礼拜期间，外来人忌表示不耐烦与干扰礼拜的样子。同时，穆斯林在礼拜前，必须净身，清真寺大殿内严禁穿鞋进入。非穆斯林进入清真寺，不能袒胸露背，不能穿短裙和短裤。在穆斯林做礼拜时，无论何人何事，都不能喊叫礼拜者，也不能在礼拜者前面走动。礼拜时，更不能唉声叹气、呻吟和无故清嗓，严禁大笑、吃东西。

4. 服饰禁忌

伊斯兰教对女性的服饰有较多的要求，外出时，身体除了手和眼睛以外必须遮盖

起来。所以穆斯林妇女要戴“盖头”，即把头发、耳朵、脖子都遮在里面，只露出面部。另外，妇女除了戴盖头外一般还要戴面纱，只露出双眼。在中国，伊斯兰教徒的服饰也是如此，如女性穆斯林在外出时必须戴盖头，老年妇女戴白色的盖头，已婚妇女戴黑色盖头，未婚少女戴绿色盖头。穆斯林男子则多戴无檐小帽，这种小帽又名“礼拜帽”或称“回回帽”，一般为白色。参加礼拜或各种仪式时须戴礼拜帽。

5. 婚俗禁忌

禁止近亲与血亲之间的通婚，忌与宗教信仰不同者通婚。在中国，如果与非穆斯林结合，非穆斯林无论男女必须改信伊斯兰教。婚礼必须在宗教仪式中举行，并由教长或阿訇证婚诵念经文。

6. 特殊禁忌

许多穆斯林认为人的左手不洁，所以与之握手或递送礼物不能用左手，尤其不能单用左手。另外，伊斯兰教禁止偶像崇拜，所以不应将人类和动物的雕塑、画像之类的物品相赠。尤其是带有动物形象的礼品更不能相送，他们认为带有动物形象的东西会给他们带来厄运。

任务四　道教礼仪

道教是源于中国本土的宗教，它以“道”作为其追求的目标，在中国古代影响长久而深远。道教曾被认为是和儒教、佛教一起组成了中国传统文化的三大支柱。在封建社会里，道教与佛教并称为我国的两大宗教。道教在发展过程中，糅合了儒家的某些理论和佛教的某些仪式，成为一个在理论上、组织形式上、教义教规等方面都非常完备并具有世界影响的一大宗教。

（一）道教常识

1. 教义

道教作为一种成熟的宗教不仅具有宗教组织、活动场所、行为方式等外在的东西，更重要的是有一套完整的神学理论——道教教义。道教的教义庞杂，但基本内容是：

（1）道教的核心信仰是神化了的“道”。道，原先是先秦道家的哲学概念，道教尊奉先秦道家学派创始人老子为教祖，将《老子》（《道德经》）作为道教的主要经典。《老子》把道视为“虚无”，认为“道”是“虚者之系，造化之根，神明之本，天地之无”，“道”生成宇宙，宇宙生成元气，元气构成天地、阴阳、四时，由此而化生万物。“道”是超越时空永恒存在的力量，是天地万物之根源，又是万物演化的规律，是宇宙万物之中最核心的东西。

（2）道教追求长生不老，肉身成仙。道教有一套完整的修炼方法（即道教的养身之道），修炼的目的是追求长生不老、肉身成仙。

2. 经典和标识

道教经书的内容十分庞杂。《道藏》是道教经典的总集，是中国古代文化遗产的重要组成部分。道教的标记是太极八卦图。

3. 供奉对象

道教是一种崇奉多神的宗教，其所信仰的神仙数量庞大、名目繁多，主要可以概括为以太上老君为主的行教之神、以玉皇大帝为主的行政之神和以斗姆天尊为主的自然之神三大系列。

(1) 三清。三清是道教最高位玉清、上清、太清的合称，是道教修行的最高境界，故道观中都设有三清殿。殿内供三清尊神，第一位是玉清元始天尊，住清微天的玉清宫，因其生于太元之先，故称“原始”。据说他“长存不灭”，每至天地初开，便以道授仙。第二位是上清灵宝天尊，住禺禹天的上清宫。据说他是宇宙未形成前从混沌状态中产生的三元气之一。第三位太清道德天尊（即太上老君），居大赤天的太清宫。

(2) 四御。四御是指地位仅次于三清尊神的四位大帝。流行的说法是：玉皇大帝，为总执天道之神；紫薇北极大帝，协助玉皇执掌天地经纬、日月星辰、四时气候；勾陈上宫天皇大帝，协助玉皇执掌南北极与天、地、人三才，统御众星，并主持人间兵革之事；后土皇地祇（女神），执掌阴阳生育、万物之美与大地山河之秀。

(3) 三官。三官指天官、地官、水官。相传天官、地官、水官为尧、舜、禹。道教徒称，天官主赐福；地官主赦罪；水官主解厄。由于三官职能与民众利益密切相关，因此知名度很高。

道教信奉的主要神灵还有神仙。神仙是道教中的修真得道、神通广大的长生不老者，又称神人或神仙。最常见的神仙有：五岳大帝、真武大帝、文昌帝君、魁星、八仙、天妃娘娘、关圣帝君、玉帝、王母娘娘、城隍、土地、灵官、门神、灶君等。在民间流传最广的是道教的八大神仙，即铁拐李、汉钟离、张果老、何仙姑、吕洞宾、韩湘子、曹国舅、蓝采和，以“八仙过海，各显神通”的故事流传最广。山东蓬莱据传为八仙过海发生地，当地建有蓬莱阁。

(二) 道教的主要礼仪

1. 称谓

出家的道士，一般应尊称为“道长”。道士又称“黄冠”“羽客”。女道士一般应尊称为“道姑”，又可称“女冠”。此外，还可根据其职务尊称法师、宗师、方丈、监院、住持、知客。非宗教人员对道士可尊称“道长”或“法师”，前面也可以冠以姓，例如称“王道长”或“刘法师”等。

2. 交往

道士不论在与同道还是与外客的接触中，习惯于双手抱拳胸前，以拱手作揖（又称稽首）为礼，向对方问好致敬，这是道教传统的礼仪。作揖致礼的形式，是道教相

沿迄今的一种古朴、诚挚、相互尊重和表示友谊的礼貌。见面时用语为“无量天尊”或“赦罪天尊”，通用应答语为“慈悲”，也可同语应答。后辈道徒遇到前辈道长，一般可行跪拜礼、半跪礼或鞠躬礼。各派的跪拜礼略有不同，一般以师承为训。非宗教人员遇到道士，过去行拱手礼，现在也可以随俗，用握手问好。

3. 道场

道场是一种为善男信女祈福、禳灾、超度亡灵而设坛祭祷神灵的宗教活动。道教的斋醮道场分为祈祥道场和度亡道场。凡参加道场的信众，均要斋戒沐浴，诚心恳祷，服装整洁，随同跪拜。祈祥时默念“消灾延寿天尊”，度亡时默念“太乙救苦天尊”，求福时默念“福生无量天尊”。

4. 颂经

颂经是道教的主要宗教活动。道士每天要颂经两次，称早晚功课。早颂清净经，晚颂救苦经。

5. 上殿

道士上殿，必须穿戴整洁。道士值殿，禁止谈笑，并要保持殿宇整洁。道士在道观内的饮食、起居和作息，均须按各道观内的清规执行。如饭前念“供养经”，吃饭时不准讲话，碗筷不要有响声，饭后念“结斋经”。

外道进道观，必须先上殿进香和行礼，并且同知客道士对话。非宗教教徒参观道观时，礼拜上香可以随意，如果上香，上香礼为双手持香，过顶，插入香炉，鞠躬后退。一般信徒上香，可以跪拜，通常是三叩首。

（三）道教的主要节日

道教信奉的神仙众多，每逢神仙的诞辰日就是道教的节日。三元五腊日，也是道教节日中较重要的。即正月十五上元节，七月十五中元节，十月十五下元节；正月初一天腊，五月初五地腊，七月初七道德腊，十月初一民岁腊，十二月初八王侯腊。也有各地方道观将地方神的诞辰定为节日的。每逢节日，各个道观都要举行比较隆重的仪式，进行设坛、诵经、礼忏等活动。

1. 老君圣诞

老君圣诞是纪念道教所奉教主老子诞生的日子。老子的生卒年月已不可考，道教关于老子的传记书如《犹龙传》《混元》《太上老君年谱要略》等，都说老子生于殷武丁九年二月十五日（大概比孔子早几十年）。后世道观就于每年此日做道场，诵《道德真经》以为纪念。

2. 玉皇圣诞

玉皇圣诞是纪念道教所奉玉皇大帝的诞生日。道教各种典籍称玉皇大帝生于丙午岁正月九日，后世道观遂于每年此日举行祭祀，以纪念玉皇诞辰。

3. 吕祖诞辰

吕祖诞辰是纪念八仙之一的吕洞宾诞生的日子。相传唐德宗贞元十四年（798年）四月十四日巳时，众见一白鹤，自天而降，飞入吕母之房中。其时吕母正寐，也梦此情此景，惊觉，遂生吕洞宾。后世道观根据这一传说以四月十四日为吕祖诞辰，并于每年此日举办斋醮以示纪念。

4. 蟠桃会

神话中西王母以蟠桃宴请诸仙的盛会。相传夏历三月三日为西王母诞辰，是日西王母大开蟠桃会，诸仙都来为她上寿。道教每年于此日举行盛会，俗称蟠桃会。

（四）道教的禁忌

道规即道教要求道教徒遵守的规则。道规名目繁多，涵括内容十分广泛。简单来说，它是以儒家的伦理道德为基础，再加上特有的宗教信仰，构成了既约束道士行为，又对社会民众有威慑力的道教戒律。

道教的主要道规是“三皈五戒”。三皈即皈道、皈经、皈师。其作用是：皈依道，常侍天尊，永脱轮回；皈依经，生生世世，得闻正法；皈依师，学以上乘，不入邪念。五戒是：一不杀生，二不偷盗，三不邪淫，四不妄语，五不酒肉。此外，还有“八戒”“十戒”“老君二十七戒”等，戒条最多者达1200条。凡出家道士都要受戒，遵守道规。

项目十四　我国主要少数民族地区礼仪

我国是一个多民族的大家庭，全国共有56个民族。其中汉族人口约占全部人口的92%。其他55个民族人口占全部人口的8%。我国约1亿少数民族人口主要分布于西部地区。在长期的历史发展中，各民族形成了自己的风俗习惯。随着旅游、经商等活动的盛行，各民族间的交往越来越频繁。因此，了解其他民族的风俗习惯是非常有必要的。限于篇幅，下面仅介绍几个人口较多的少数民族。

任务一　回　族

（一）概况

回族，又称回回，是我国人口较多、分布最广的一个少数民族。以13世纪东迁的中亚各族人、波斯人、阿拉伯人为主，包括7世纪以来侨居东南沿海一些阿拉伯和波斯商人的后裔，在长期发展中吸收汉族、蒙古族、维吾尔族等成分逐渐形成。现在，宁夏回族自治区居住着约30%的回族人口。回族语言逐渐习惯于以汉语作为本民族的共同语言。深受阿拉伯、波斯等传统文化的影响又吸收汉族文化是回族文化的特色。

(二) 习俗

回族是信仰伊斯兰教的民族。回族人的日常生活、风俗习惯与宗教信仰有密切的联系。回族衣着与汉族基本相同，但也保留着自己的特点，男子有戴白布软帽，妇女有戴白色、绿色或黑色盖头的习俗。在饮食方面，回族人忌食猪肉、狗肉、马肉、驴肉和骡肉，不吃未经信仰伊斯兰教者宰杀的和自死的畜禽肉，不吃动物的血等；回族人日常喝水不动用别人的杯碗，喜欢沐浴。聚居区的回族人平常洗脸、洗手一般不用脸盆而要用“汤瓶”（带嘴的水壶）。回族丧葬习俗一直保持伊斯兰教教规，实行土葬。

(三) 禁忌

到回族地区或进清真酒店时，忌谈猪头。忌说“肥”字，一般用“壮”代替。不能触摸和践踏民族宗教标志。忌讳向少女赠送装饰品。不能进入产妇和病人的房间，不能在屋子里吹口哨、戴草帽。不能用筷子敲碗、打猫狗。禁止在家中谈论性方面的话题。

(四) 节庆

1. 开斋节

开斋节是回族的传统节日（伊斯兰教历十月一日）。在斋月里，人们只能在每天日出前和日落后进食，整个白天不得吃饭喝水，称守斋。此外，还要清心寡欲。斋期满之日，所有虔诚的穆斯林要沐浴更衣，身着节日盛装，走亲访友，互相祝贺，互相馈赠礼品。

2. 古尔邦节

古尔邦节又叫宰牲节、库尔班节、尔德节等，是信仰伊斯兰教民族的共同节日。古尔邦节的时间定在伊斯兰教历的十二月十日。过节前，家家户户都把房舍打扫得干干净净，忙着精制节日糕点。节日清晨，穆斯林要沐浴馨香，严整衣冠，到清真寺去参加会礼。在节气期间，人人身着盛装，走亲访友，互相祝贺，馈赠礼品。

3. 圣纪节

圣纪节是伊斯兰教的重要节日，也称圣忌节，冒路德节。为纪念先知穆罕默德的诞辰日。这一天，回族群众聚集在清真寺诵经、赞圣、礼拜，并由阿訇宣讲穆罕默德的生平简历，功绩品德，以及在传教中所受种种磨难和许多智勇、善辩、善战的生动历史故事，教育回族群众不忘至圣的教诲，做一个真正的穆斯林。

任务二　维吾尔族

(一) 概况

“维吾尔”是维吾尔族的自称，意为“联合”。维吾尔族主要聚居在新疆维吾尔自治区天山以南的喀什、和田一带和阿克苏、库尔勒地区，其余散居在天山以北的乌鲁木齐、伊犁等地，少量居住在湖南桃源、常德以及河南开封、郑州等地。

（二）习俗

维吾尔族人居住的房屋是方形的，开天窗，屋顶平坦，可凉晒瓜果和粮食。室内砌实心土炕，高约0.3米，供起居坐卧。墙上开壁龛，内置食物和用具，有的壁龛还精心构成各种几何图案，以石膏作装饰。喜欢在墙上挂壁毯。冬季以火墙取暖，靠墙一边是待客的上座。住房多成院落，方形，大门忌朝西开。庭院十分洁净，多栽花木、葡萄、葫芦及果树。服饰方面一般都穿棉布衣。男子穿长袍，称为“袷袢”，右衽斜领，无纽扣，用腰带式长方巾扎腰。城市妇女多穿西式短上衣和裙子，农女多穿宽袖连衣裙，外套团体色对襟背心。不论男女老少，都喜爱戴四棱小花帽，称为“尕巴”。妇女多喜欢耳环、手镯、项链等装饰品，喜欢画眉染指甲。画眉毛多把左右两条连成一线。少女以长发为美，将头发梳成十几条长发辫。婚后一般改梳两条，头上别一把新月形梳子作装饰，也有把双辫盘成发髻的。在饮食方面，面粉、玉米和大米现已成为维吾尔族人民的日常主食。他们喜欢喝奶茶、吃馕，喜食拉面和包子。最具民族风味的食品是烤羊肉串和“抓饭”。“抓饭”以羊肉、羊油、胡萝卜、葡萄干、洋葱和大米做成，是节日和待客不可缺少的食品。

（三）禁忌

维吾尔族具有伊斯兰教民族所共有的饮食禁忌。此外，还忌讳穿短裤在户外活动。睡觉时，忌头东脚西，接受物品或给别人敬茶时，要用双手，忌用单手，更不能用左手。

（四）节庆

肉孜节、古尔邦节和圣纪节是维吾尔族的盛大节日。每逢节日，部分男女老少都尽情地跳起“赛乃姆”（一种群众性的集体舞），家家都吃着香甜的“普鲁”，男女老幼都喜欢戴四棱小花帽，这是维吾尔族特有的标志之一。

任务三 蒙古族

（一）概况

蒙古族是我国主要少数民族之一，主要居住在内蒙古自治区、东北三省及甘肃、青海、新疆等地，拥有人口约480万。蒙古人多信仰喇嘛教，大部分从事畜牧业。蒙古族人民的生产、生活是与草原密切相关的。

（二）习俗

蒙古族自古以来以性情直爽、热情好客著称。对家中来客，不管常客还是陌生人，都满腔热忱。首先献上香气沁人的奶茶，端出一盘盘洁白的奶皮、奶酪。饮过奶茶，主人会敬上醇美的奶酒，盛夏时节还会请客人喝马奶酒。有些地区用手抓肉招待客人，

还有一定的规矩。例如用一条琵琶骨肉配四条长肋骨肉进餐；牛肉则以一根脊椎骨肉配半节肋骨及一段肥肠敬客。姑娘出嫁前或是出嫁后回娘家都以羊胸脯肉相待，羊的小腿骨、下巴颏、脖子肉都是给晚辈和孩子吃的。接待尊贵的客人或是喜庆之日则摆全羊席。

蒙古人长幼有序，敬老爱幼。到蒙古包牧民家做客，见到老人要问安。不在老人面前通过，不坐其上位，未经允许不要与老人并排而坐。称呼老人要称“您”，不许以“你”相称或直呼其名。见到牧民孩子不要大声斥责，更不能打孩子。不要当着家人的面说孩子生理上的缺陷。对孩子和善、亲切，被认为是对家长的尊重。

哈达是蒙古族日常行礼中不可缺少的物品。献哈达是蒙古族牧民迎送客人和日常交往中使用的礼节。献哈达时，主人张开双手捧着哈达，吟唱吉祥如意的祝词或赞词，渲染敬重的气氛，同时将哈达的折叠口向着接受哈达的顾客。顾客要站起身面向献哈达者，集中精力听祝词和接受敬酒。接受哈达时，顾客应微向前躬身，献哈达者将哈达挂于顾客颈上。顾客应双手合掌于胸前，向献哈达者表示谢意。

斟酒敬客，是蒙古族待客的传统方式。他们认为美酒是食品之精华，五谷之结晶，拿出最珍贵的食品敬献，是表达草原牧人对客人的敬重和爱戴。通常主人是将美酒斟在银碗、金杯或牛角杯中，托在长长的哈达之上，唱起动人的蒙古族传统的敬酒歌，客人若是推让不喝酒，就会被认为是对主人瞧不起，不愿以诚相待。顾客应随即接住酒，接酒后用无名指蘸酒向天、地、火炉方向点一下，以示敬奉天、地、火神。不会喝酒也不要勉强，可沾唇示意，表示接受了主人纯洁的情谊。接着穿戴民族盛装的家庭主妇端来清香扑鼻的奶酒款待客人，这也是蒙古族的传统礼节。

（三）禁忌

蒙古族忌讳任意打牧民的狗；忌讳食马、驴、骡等有蹄动物；忌讳向火盆内吐痰、拍打火盆、跨过火盆，在火盆上烤鞋、袜、裤和脚；忌讳从衣帽、枕头、桌子、粮袋、锅台、磨盘、碾台、井口、泉上、绳子上越过；忌讳在蒙古包周围和麻尼杆附近及牲畜圈内大小便；忌讳将印有文字的纸，特别是印有蒙藏文的纸作手纸；忌讳坐、站门槛，从人前走过、泼水、倒垃圾。吃饭时，须等主人敬让，不能自己先动手。蒙古包内的法器、经典、佛像等不准乱摸乱动。蒙古族也有忌门习惯。若家中有人生孩子，生病等都要忌门。一般是在蒙古包门前挂一红布条，或门前放一堆烟火。远方客人必须进屋或家人外归时，要跨过火堆方可进入。

（四）节庆

1. 大年

蒙古族称过春节为过大年，农区与汉族相仿，牧区另有自己的特色。大年前家家户户都要置办送亲友的礼物，清扫蒙古包，制作新的蒙古袍、蒙古靴，购置奶桶、毡子、锅盆等用具。从年三十到初五是最欢乐的几天。年三十晚上，全家老小围坐在摆

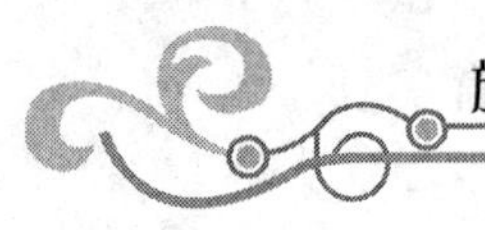

满香喷喷食物并供有祖先名字的矮桌旁“守岁”。午夜，开始饮酒进餐。首先，儿女们要给父母和长辈敬酒祝愿，全家要多吃多喝，剩得越多越好，象征新的一年里吃穿不愁。唯有黄油、红糖、白面混合烙出的大圆饼（新年饼）每人只吃一口，意思是全家永不分离，永久团圆，永远过着甜甜蜜蜜的幸福生活。蒙古族讲究熬年。三十晚上，蒙古包灯火辉煌，马头琴声和歌声不断，通宵达旦。蒙古族拜年是一年拜一次，也有拜两次的。初一，天还未亮，男女老少都换上新的服装，晚辈给双亲和老年人叩头、献哈达、敬酒。老人们斟上满满一碗奶，祝愿子女幸福。有些还要全家到寺庙向喇嘛叩头，求活佛保佑。新春期间，男女青年跨上骏马，带上哈达、美酒等礼物，三五成群，挨个地给亲友拜年。拜年途中，男女青年常常利用这个机会赛马，互相追逐，气氛热烈欢乐。

2. 小年

农历腊月二十三日。蒙古族对火神十分崇敬，认为火神可以赐予人们幸福与财富，把3天叫“日火”，30天叫“月火”，360天叫“年火”。小年正是送火神爷的“年火”日子，因此特别热闹。这天，要在“灶神”龛前烧香，供献牛羊肉、黄油、奶皮、糖果等食物，名为“灶祭”，全家团聚欢乐。晚上，把事先准备好的草或兽粪用火点着，再从各种供品中取一点，投进火堆，全家老少对着火焰向火神爷祷告，名为送灶神。

3. 那达慕

每年6月至9月的牧闲季节，蒙古人在草原上举行盛大的民间体育娱乐活动，称那达慕大会。届时，周围50～100千米的牧民都驱车乘马赶来联欢会。那达慕的主要项目为：骑马——参赛者年龄不限，有少年儿童、青壮年，也有老年人。赛程通常为25～35千米，终点设在会场。参赛者身着华丽彩衣，头系红绿绸飘带，马不着鞍，人不穿靴袜。比赛开始，参赛者跃马竞驰，争先恐后，沿途观众欢呼，膝盖以上任何部位着地都为失败。报名不分民族、地区，不限年龄，不限体重。比赛时，由裁判安排对手，实行单淘汰制，一跤定胜负。摔跤手的服装上衣用牛皮制成，上边钉满银钉或铜钉，后背中间有圆形眼镜或吉祥之类的字，下身穿肥大白裤，外套秀有各种动物和花卉图案的套裤，腰间系有红、蓝、黄三色绸子做的围裙，脚蹬蒙古靴或马靴。比赛场地简单，只要有一片草坪或松软空地，就可进行比赛。射箭——分静射和骑射两种。弓箭的式样、重量、长度、拉力都不限，一般规定每人射9箭，分3轮射完，以中靶的多少评定名次；骑射跑道为4米宽、半米多深、85米长的一条沟。靶位设3个，第一靶在两米高的木架上挂一个0.3立方米的白色布袋，第三靶是一个等边三角形的白色布袋。第一、第二靶位在射手左侧，第三靶位在右侧。射手身着紧身彩袍，背上弓箭，乘马到起跑线。当裁判员发令后，便开始起跑，抽弓射箭。当射中某环时，环把便自动脱落，观众不断喝彩助威。除上述活动之外，那达慕大会还是物资交流大会。

夜幕降临，草原上飘荡着悠扬动听的马头琴声，年轻人跳起欢快的舞蹈，老人们围坐在帐篷前，品味着香甜的奶茶，谈论着美好的生活。

4. 敖包祭祀

敖包是蒙古语译音，也叫“鄂博”，是堆子的意思，即人工积成的石堆、土堆，在圆坛之上堆积石头为台，台基上面分成大、中、小三层，重叠成圆锥体，周围涂白土，高几十米，形似烽火台，远望又如尘塔。祭敖包的时间，多在水草丰茂的季节。届时，敖包上插树枝，上挂五颜六色的布条或纸旗，旗上写经文，并请喇嘛来焚香点火、诵经念咒。官民一起围着敖包，从左向右走三圈，祈神降福。祭祀。祭祀礼仪大致有血祭——宰杀自己喂养的马、牛、羊，供奉在敖包之前；酒祭——将鲜奶、奶油、奶酒一滴滴洒在敖包前；火祭——在敖包前点燃干柴堆或动物粪便堆，各户走近火堆念自家姓氏，供上祭品，把“布呼勒马哈”（羊肉丸子）投进火里，火越烧越旺；玉祭——以玉为供品，现在一般用硬币或炒米等物替代玉。敖包礼仪结束后，要举行传统的骑马、摔跤、射箭、唱歌跳舞等娱乐活动。此后，参加娱乐活动的人开怀畅饮，男女青年往往借此机会相见，登高远游，互相追逐，诉说情意。

任务四 藏 族

(一) 概况

藏族主要分布在西藏、青海、甘肃、四川和云南等省区。居住在西藏地区的称“博巴”，居住在川西一带的称“博”“康巴”。藏族主要从事农业和畜牧业，西藏自助区建立于1965年9月9日，多信奉喇嘛教。

(二) 习俗

由于藏族人民多生活在高原地带，因此他们的生活习俗多与高寒气候有关，又因为藏族群众普遍信仰藏传佛教，故他们的生活习惯等也受到藏传佛教的影响。藏袍是藏族人民的主要服饰，基本特点是袍子长及脚面，袖子宽大并长出手指10～20厘米，既无口袋，也无纽扣，只在腰间束一条带子。为便于活动，常袒露右臂或双臂。

藏族喜饮酥油茶、青稞酒，并有弹酒的礼俗。主食为糌粑、牛羊肉等。糌粑是用炒熟的青稞或豌豆磨成的面粉，用酥油或茶水拌食。藏族人好客，在用青稞酒招待客人时，先在酒杯中倒满酒，端到客人面前，这时，客人要用双手接过酒杯，然后一手拿杯，另一手的中指和拇指伸进杯中，轻蘸一下，朝天一弹，意思是敬天神，再来第二下、第三下，分别敬地、敬佛。这种传统习惯是提醒人们青稞酒的来历与天、地、佛的慷慨恩赐分不开，故在享用之前，要先敬神灵。在喝酒时，藏族人民的约定风俗是：先喝一口主人马上倒酒斟满杯子，再喝第二口，再斟满，接着喝第三口，后再斟满。往后，就得把满杯酒一口喝干。这样做，主人才觉得客人看得起他，客人喝得越

多，主人就越高兴，说明主人的酒好。藏民族敬酒时，对男客用大杯或大碗，敬女客则用小杯或小碗。藏族人民能歌善舞，勇敢淳朴。献哈达是藏族常见的一种礼节。哈达是藏族人民在迎送、馈赠、敬神及日常礼节上使用的纱巾和绸巾，多为白色。

(三) 禁忌

接待客人时，无论是行走还是言谈，总是让客人或长者为先，并使用敬语，如在名字后面加个“啦”字，以示尊敬和亲切，忌讳直呼其名。迎送客人，要弓腰曲膝，面带笑容；室内就座，要盘腿端坐，不能双腿伸直，脚底朝人，不能东张西望；接受礼品，要双手去接；赠送礼品，要躬腰双手高举过头；敬茶、酒、烟时，要双手奉上，手指不能放进碗口；藏族人绝对禁吃驴肉、马肉和狗肉，有些地区也不吃鱼肉；敬酒时，客人须先用无名指蘸一点酒弹向空中，连续三次，以示祭天、地和祖先，接着轻轻呷一口，主人会及时添满，再喝一口再添满，连喝三口，至第四口时，必须一饮而尽；吃饭时要食不满口，咬不出声，喝不出响。喝酥油茶时，主人倒茶，客人要待主人双手捧到面前时，才能接过来喝；禁忌在别人后背吐唾沫，拍手掌；行路遇到寺院，玛尼堆、佛塔等宗教设施，必须从左往右绕行；不得跨越法器、火盆、经筒，经轮不得逆转；忌讳别人用手触摸头顶。

(四) 节庆

1. 藏历新年

藏历新年是藏族一年中最盛大的节日。藏历正月一日开始，3～5 天不等。人们就准备过年吃、穿、用的节日用品。成千上万的农牧民拥入拉萨城，购买各种年货。此时是拉萨一年中最为繁忙的季节。除夕前两天，每户要打扫卫生。二十九日晚饭前，要在灶房正中墙上用干面粉撒上“八吉祥徽”。晚上，各家要吃面团土巴。在面团土巴中特意制作几个包有石子、辣椒、木炭、羊毛等不同夹心的面团。每一种夹心都有一种说法：石子预示心肠硬，木炭预示心黑，辣椒预示嘴如刀，羊毛说明心肠软。谁吃到某一种夹心面团，就预示着在新的一年里他的心肠如何。吃到这些夹心的人，均即席吐出，引起哄堂大笑，以助除夕之兴。初一这天，将青苗、油果子、羊头、五谷斗摆放到佛龛茶几上，预祝新的一年人寿粮丰。天还没亮，家庭主妇们便从河里背回“吉祥水”，然后唤醒全家人，按辈排定座位。长辈端来五谷斗，每人限抓几粒，向天抛去，表示祭神，然后依次抓一点送进嘴里。此后，长辈按次序祝“扎西德勒”(吉祥如意)，后辈回祝“身体健康”仪式完毕后，便吃麦片土巴和酥油煮的人参果，接着互敬青稞酒。初一，一般闭门欢聚，互不走访。初二，亲友之间互相登门祝贺，互赠哈达。在城乡演唱藏戏，跳锅庄和玄子舞。在牧区，牧民们点燃篝火，通宵达旦地尽情歌舞。民间还进行角力、投掷、拔河、赛马、射箭等活动。

2. 酥油

灯花节每年的五月十五，西藏、青海等地各寺庙的喇嘛及民间艺人用酥油捏成各

式各样的灯架，将五彩缤纷的花灯挂在街道上。夜幕降临，街道上花灯闪烁，宛若群星降落。花灯上有五彩油塑花卉，还有惟妙惟肖的飞禽走兽及人物。人们游于灯海之中翩翩起舞，通宵达旦。灯会上还有滑稽的木偶表演，使人们捧腹大笑。

3. 沐浴节

藏语叫“嘎玛日吉”，意思是洗澡，又叫“洗澡节”。它是藏族人民传统的节日，各地于每年夏末秋初择日举行，为期七天，届时，不论城镇还是乡村，农区还是牧区，人们骑着马，赶着车、带着帐篷、糌粑、酥油茶、青稞酒以及一些奶制品，三三两两，络绎不绝地来到拉萨河畔、雅鲁藏布江边和其他江河湖泊之旁，争相下水，尽情地在水中沐浴、嬉戏、游泳。然后用双脚踩洗各家带来的衣物、床被，和着歌声，把劳动和音乐融入了这节庆中。

任务五 傣 族

(一) 概况

傣族主要居住在我国西南边疆的云南省，大多生活在山川秀丽、气候温和、雨量充足的亚热带地区，多信奉佛教。

(二) 习俗

傣族男子一般上穿无领对襟袖衫，下穿长管裤，以白布或蓝布包头。傣族妇女的服饰各地有较大差异，但基本上都以束发筒裙和短衫为共同特征。筒裙长到脚面，衣衫紧而短，下摆仅及腰际，袖子却又长又窄。

傣族以大米为主食，最具特色是竹筒饭。制作方法是将米装进新鲜的竹筒后加水，放在火上烧烤，吃起来清香可口。

(三) 忌讳

外人骑马、赶牛、挑担和蓬乱着头发不得进寨子；进入傣家竹楼，要把鞋脱在门外，而且在屋内走路要轻；不能坐在火塘上方或跨过火塘，不能进入主人内室，不能坐门槛；不能移动火塘上的三脚架，也不能用脚踏火；忌讳在家里吹口哨、剪指甲；不准用衣服当枕头或坐枕头；晒衣服时，上衣要晒在高处，裤子和裙子要晒在低处；进佛寺要脱鞋，忌讳摸小和尚的头、佛像、戈矛、旗幡等一系列佛家圣物。不能随便大声喧哗。

(四) 节庆

“泼水节”是傣族人民辞旧迎新的传统节日，时间在公历四月中旬。节日期间的主要活动是祭祀拜祖先、堆沙、泼水、丢沙包、赛龙船、放火花及歌舞狂欢等节日。

任务六 壮 族

(一) 概况

壮族是我国人口最多的少数民族。聚居于广西壮族自治区南宁、百色等地区。壮族有本民族的语言文字。壮族信仰多神教。

(二) 习俗

壮族是个好客的民族，过去到壮族村寨任何一家做客的客人都被认为是全寨的客人，往往几家轮流请吃饭，有时一餐饭吃五六家。平时即有相互做客的习惯，比如一家杀猪，必定请全村各户每家来一人，共吃一餐。招待客人的餐桌上务必备酒，方显隆重。敬酒的习俗为“喝交杯”，其实并不用杯，而是用白瓷汤匙。

客人到家，必在力所能及的情况下给客人以最好的食宿，对客人中的长者和新客尤其热情。用餐时须等最年长的老人入席后才能开饭；长辈未动的菜，晚辈不得先吃；给长辈和客人端茶、盛饭，必须双手捧给，而且不能从客人面前递，也不能从背后递给长辈；先吃完的要逐个对长辈、客人说“慢吃”再离席；晚辈不能落在全桌人之后吃完。

尊老爱幼是壮族的传统美德。路遇老人要主动打招呼、让路，在老人面前不跷二郎腿，不说污言秽语，不从老人面前跨来跨去。杀鸡时，鸡头、鸡翅必须敬给老人。路遇老人，男的要称“公公”，女的则称“奶奶”或“老太太”；遇客人或负重者，要主动让路，若遇负重的长者同行，要主动帮助并送到分手处。

(三) 禁忌

壮族人忌讳农历正月初一这天杀牲；有的地区的青年妇女忌食牛肉和狗肉；妇女生孩子的头三天（有的是头七天）忌讳外人入内；忌讳生孩子尚未满月的妇女到家里串门。登上壮族人家的竹楼，一般都要脱鞋。壮族忌讳戴着斗笠、扛着锄头或其他农具的人进入自己家中，所以到了壮家门外要放下农具，脱掉斗笠、帽子。火塘、灶塘是壮族家庭最神圣的地方，禁止用脚踩踏火塘上的三脚架以及灶台。壮族青年结婚，忌讳怀孕妇女参加，怀孕妇女尤其不能看新娘。特别是怀孕妇女不能进入产妇家。家有产妇，要在门上悬挂袖子、枝条或插一把刀，以示禁忌。不慎闯入产妇家者，必须给婴儿取一个名字，送婴儿一套衣服。一只鸡或相应的礼物，做孩子的干爹、干妈。

壮族是稻作民族，十分爱护青蛙，有些地方的壮族有专门的“敬蛙仪”，所以到壮族地区，严禁捕杀青蛙，也不要吃蛙肉。每逢水灾或其他重大灾害时，壮族都要举行安龙祭祖活动，乞求神龙赈灾。仪式结束后，于寨口立碑，谢绝外人进寨。

(四) 节庆

1. 春节

最隆重的民间节日之一。腊月二十三日起，家家户户开始筹办过节物品。除夕这

天全家欢聚，杀鸡杀鸭，煮出初一全天吃的米饭，叫“压年饭”。年三十晚上有守岁习俗。初一大清早，妇女们穿新衣新鞋，去河边、山泉、水井挑水，这是汲取新水的习俗。用新水加红糖、竹叶、葱花、生姜煮沸后全家喝，认为可使人变得聪明伶俐。春节期间习惯唱采茶歌、闹锣、舞龙、舞狮、跳打扁担舞、打陀螺、赛球、演戏等丰富多彩、民族特色浓郁的文体活动，整个节日热烈愉快。

2. 中元节

中元节俗称“鬼节”，是广西各民族都过的一个较大的节日。农历七月十四这天，家家户户杀鸡宰鸭，蒸五彩糯米饭祭祀祖先古人和田公地母。是日不出门，不动土，以求全家平安。

3. 三月三歌节

三月三歌节又叫“歌圩”，“圩”意为集市。歌节是广西壮族十分喜爱的传统节日。歌节一般持续3天，地点在离村不远的空地上，以未婚者为主体，其他人也来参加或旁观。

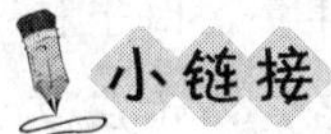

我国传统风俗节庆礼仪

一、元旦

元旦即每年的公历元月1日，也称为新年。但与春节不同，春节是中国的传统节日，而元旦是全世界共同庆贺的“新年”。西方一般采用晚会、舞会的形式，而中国的元旦，人们一般多采用聚餐、送礼物的形式来庆贺。

二、春节

春节即每年的农历正月初一，俗称“过年”。春节是中国民间最盛大、最隆重的古老传统节日，从古至今，所有中国人都将春节作为生活中喜庆团聚的吉祥日子，伴随着对新的一年的祝福和对未来的美好憧憬。

春节的历史悠久，起源于殷商时期年初岁尾的祭神祭祖活动。古代的春节称“元日”“元旦”“新年”。辛亥革命后，才将农历正月初一定名为春节。春节不仅是汉族最重要的节日，也是满、蒙古、瑶、壮、白、高山、赫哲、哈尼等几十个民族的传统节日。

春节的年俗活动丰富多彩，极具生活情趣，并蕴涵着深厚的文化内涵。随着社会的进步，时代的发展，敬天祭神的迷信内容逐渐被淘汰，富有生活情趣的许多内容依然流传，并不断增强了新的时代气息，富有强大的生命力。贴春联、贴年画、贴“福”字、剪窗花、蒸年糕、包饺子、放爆竹、除夕守夜、拜年等习俗至今仍然盛行。

（一）春联、年画和“福”字

用红纸写春联始于明朝；年画源于唐朝的门神，与爆竹一样，古代都用来驱鬼辟邪，现在只是用于表达、增加喜庆的气氛；早在宋朝之前就有贴“福”字的风俗，人们把写在红方纸上的“福”字，故意倒贴在门、窗、家具上，取“福倒（到）了”之意。

（二）除夕守岁

这是最重要的年俗，在魏晋时期就有记载。除夕晚上，一家老小熬年守岁，共享天伦之乐，这是炎黄子孙至今仍很重视的年俗。

（三）拜年

除夕夜第一声鸡啼之后，新的一年就开始了，男女老少穿着节日盛装，先给家族中的长者拜年祝寿；初二、初三开始走亲戚家拜年，相互道贺祝福，祭祖等。不过由于现在的电子通信日益发达，走亲戚拜年似乎被电话和短信冲淡了许多。

（四）手机拜年礼仪

现代春节期间，拜年的方式也在发生变化，更多的人采用手机信息拜年，因手机拜年不同于一般的手机联系，发信息最好注明尊称、祝愿内容及落款姓名，以示庄重和诚意，切忌群发。

春节从初一持续到十五，乃至二月二“龙抬头”，在一个月的时间里，人们一直沉浸在欢乐、祥和的节日气氛中。其中从除夕到初五最为热闹。

三、元宵节

元宵节是我国民间最隆重的节日之一，民间“正月十五闹元宵”，在我国已有悠久的历史。关于元宵节我国有许多说法，一种说法是元宵节始于两千多年前的汉代。汉高祖刘邦死后，吕后篡权。吕后死后，汉文帝刘恒在周勃、陈平等人帮助下铲除诸吕势力后，登基做了皇帝。因为铲平诸吕的日子是正月十五日，所以，每逢这天晚上，汉文帝都要微服出宫，到街市上游玩，“与民同乐”，以示纪念。在古代，夜同宵，正月又称元月，于是，汉文帝就将正月十五定为元宵节，这一夜称元宵，又称元夜、元夕。

元宵节又被称为“上元节”。上元，含有新的一年第一次月圆之夜的意思。据《岁时杂记》记载，上元节的由来是因循道教的陈规。道教曾把一年中的正月十五称为上元节，七月十五为中元节，十月十五为下元节，合称“三元”。元宵节又被称做“灯节”，因为每逢上元，民间有张灯观赏的风俗。

项目回顾

在接待来自不同的国家、地区、民族，有着不同的宗教信仰的客人时，要求酒店工作人员要尊重其国家、地区、民族的文化，尊重他们的宗教信仰，在此基础上实施

礼仪服务。通过本章的学习，主要帮助学生了解中国主要客源国的礼仪、我国主要少数民族的礼仪及宗教礼仪。

案例分析

某酒店中餐宴会厅，酒店总经理宴请西藏一位高僧。11：30，一群人簇拥着西藏高僧步入厅堂，两名服务员上前迎接，引领客人入座，并麻利地做好了餐前服务工作，菜点是预订好的，按照程序依次上菜，一切服务在紧张有序地进行。食之过半，顾客要求上主食，三鲜水饺很快端上了桌面。在大家的建议下，高僧用筷子夹起一个水饺放入口中品尝，很快就吐了出来，面色仍旧温和地问：“这是什么馅的？服务员一听马上意识到问题的严重性，心里说坏了！事先忘了确认是否是素食。三鲜水饺虽是清真，但仍有虾仁等原料，高僧是不能食用的，忙向高僧道歉：“实在对不起，这是我们工作的失误，马上给您换一盘素食水饺。”服务员马上通知厨房上了一盘素食三鲜水饺。由于是 VIP 部门经理也赶来道歉。高僧说：“没关系，不知者不为怪。”但这次失误很严重，虽然由于高僧的宽洪大度，才得以顺利解决了，但留给服务员一个深刻的教训。

信仰佛教的人和僧侣，对饮食的要求是严格的素食主义者。素食起源于宗教寺庙，供佛教徒、道教徒及忌荤腥者食用，是以豆制品、蔬菜、植物油为主要原料。而清真菜多以牛羊肉和蔬菜等为主要原材料，烹制成各处适合伊斯兰教的饮食习惯的菜肴。两者是有很大区别的。

由于服务员工作粗心，忽略了“素食”与“清真”的不同，以至为高僧上了有荤腥原料的食品，触犯了客人禁忌，是严重的失礼。况且这么严重的失误发生在对 VIP 客人的接待中，是个沉痛的教训。

酒店服务员必须加强业务知识的学习，准确掌握客人禁忌，不论工作多么繁忙，都要细心地检查每一个环节，认真接待好每位客人，以避免触犯顾客的忌讳，引起不必要的麻烦。

课后思考与练习

一、填空题

1. 德国城市__________每年都举办闻名于世的啤酒节。

2. 韩国的国语是__________。

3. 日本的国花是__________。

4. 日本最高峰是__________，被誉为“圣岳”。

5. 东京是日本第一大城市，而__________是其第二大城市。

6. 印度的__________是伊斯兰建筑艺术的明珠，是世界七大建筑奇迹之一。

7. 墨西哥的象征性植物是________。

8. 日本的教育制度是__________年义务教育。

二、简答题

1. 我国的四大宗教是什么？

2. 我国的宗教政策是怎样的？

3. 道教礼仪在我们生活中有哪些表现？

实训应用

实训名称

模拟接待来自泰国的客人

实训内容

在教师的指导下模拟接待来自泰国的客人。

实训步骤

1. 由教师布置本次实训任务。

2. 分组并选定组长。

3. 组员讨论并确定本组表演的主题，并拟定情景模拟的对话内容。

4. 由组长对本组队进行任务及角色分工。

5. 排练小品。

6. 模拟表演（2 课时）。

7. 组长对本小组案例进行点评。

实训点评

教师点评：接待泰国客人需要注意的问题。

参考文献

[1] 文通．新编现代酒店礼仪礼貌星级服务标准［M］．北京：中国纺织出版社，2008.

[2] 黄英，苑丽红．旅游与酒店礼仪［M］．广州：广东省经济出版社，2008.

[3] 周思敏．你的礼仪价值百万［M］．北京：中国纺织出版社，2009.

[4] 张胜男．旅行社礼仪［M］．北京：旅游教育出版社，2010.

[5] 金正昆．国别礼仪金说［M］．北京：世界知识出版社，2008.

[6] 徐桥猛，李丽．酒店管理经典案例分析［M］．广州：广东经济出版社，2007.

[7] 徐栖玲．酒店服务案例心理解析［M］．广州：广州旅游出版社，2003.

[8] 张永宁．饭店服务教学案例［M］．北京：中国旅游出版社，1999.

[9] 蒋一凤．酒店管理180例［M］．上海：上海东方出版中心，1997.

电子教学资料密码申请表

书　名		书　号	
学　校		院　系	
课程名称			
任课老师		电　话	
E-mail			
学生人数	班级数：	每班人数：	
备注		教务处（或院系）公章	

传真至 010－52227588－511（如有疑问，请咨询 010－52227588－504）

收件人：张利敏